새로운 세상 - 스포츠 플랫폼

새로운 세상-스포츠플랫폼

발   행 | 2023년 07월 01일

저   자 | 김진훈

펴낸이 | 한건희

펴낸곳 | 주식회사 부크크

출판사등록 | 2014.07.15.(제2014-16호)

주   소 | 서울특별시 금천구 가산디지털1로 119 SK트윈타워 A동 305호

전   화 | 1670-8316

이메일 | info@bookk.co.kr

ISBN | 979-11-410-3380-4

새로운세상—스포츠플랫폼

김진훈 지음

CONTENT

머리말

스포츠플랫폼을 통한 새로운 세상을 만들어갈 모든 사람들에게 이 책을 바칩니다.

　이 책은 단순히 스포츠를 좋아하는 것을 넘어 스포츠를 통해 행복한 삶을 추구하는 모든 사람들에게 조금이나마 도움이 되고자 집필하였다.

　많은 사람들은 삶의 질을 위하여 스포츠를 보고, 즐기고, 행하고 있다. 그렇지만 아직 스포츠는 우리사회에서 매우 필요하거나 없어서는 안 되는 영역이라고 이해하거나 인식하지 않는다. 이는 우리사회에서 스포츠에 대한 작금의 위치라고 판단된다.

　이러한 상황에서도 스포츠는 계속해서 성장하고 발전하고 있다. 이제는 우리나라 모든 대학에서 체육계열 학과가 존재하고 있으며, 입학율과 재학율에 있어서도 다른 학과에 비해 우위를 차지하고 있는 실정이다. 그리고 체육의 학문적, 교육적인 측면에서도 지속적으로 발전하고 있다.

　이렇듯 스포츠는 이제 대학에서 존재의 이유와 가치를 증명하고 있다. 하지만 우리사회에서는 아직도 스포츠에 대한 제대로 된 이해와 인식의 변화가 형성되어 있지 않으며, 스포츠가 하나의 학문이라고 이해하지 못하거나 스포츠 직업은 운동선수나 지도자에만 국한되어 사고하는 경향이 있다.

　스포츠는 학문적으로 이러한 문제와 상황들에 대하여 논의하고 연구되고 있지만, 현실에 적용하는데 에는 한계가 있다. 특히 직업적으로 안정되거나 기본적인 이익창출이 지속적으로 형성되는 구조가 제대로 존재하지 않기 때문에 이러한 문제는 쉽게 해결되기 힘들 것이다.

또한 우리사회에서 스포츠산업과 함께 경제적인 규모와 그에 대한 관점은 갈수록 커지고 있지만 진정한 스포츠 내에서의 성장과 발전보다는 스포츠가 주가 아닌 객으로 전락하여 이용적인 측면으로 다뤄지고 있는 것은 아닌지 의문이 든다.

이에 이 책은 스포츠가 주가 되어 경제와 스포츠 산업의 진정한 성장과 발전을 위한 하나의 아이디어에 대한 해설집이다. 그 아이디어는 스포츠플랫폼으로 우리나라 모든 스포츠를 하나로 연결하는 플랫폼이라고 쉽고 크게 이해하면 된다.

아직 우리나라에는 스포츠플랫폼이 제대로 형성되어 있지 않다. 그래서 스포츠플랫폼을 만들기 위하여 이 책은 스포츠플랫폼에 대한 철학과 비전을 제시하고 있으며, 구체적으로 스포츠플랫폼을 통한 스포츠경기 매칭과 스포츠 강습, 체육시설이용 등에 대한 내용들을 담고 있다. 그래서 이 책의 구성을 보면 다음과 같다.

제 1부에서는 현대사회와 스포츠로 제 1장 스포츠는 누구를 위한 것인가? 제 2장은 스포츠와 문화, 제 3장은 K-스포츠란? 주제로 우리나라와 스포츠에 대한 이야기를 다루고 있다.

제 2부에서는 스포츠와 소통으로 스포츠플랫폼에 대한 본론으로 제 1장은 스포츠플랫폼이란?, 제 2장은 스포츠플랫폼의 이해와 이용, 제 3장은 스포츠플랫폼의 활용, 제 4장은 스포츠플랫폼의 구인

구직, 제 5장은 스포츠플랫폼의 특성, 제 6장은 스포츠플랫폼의 의미와 가치? 제 7장은 스포츠플랫폼의 파급효과, 제 8장은 스포츠플랫폼의 유의할 점으로 구성되어 있다.

제 3부에서는 스포츠플랫폼의 인식으로 제 1장은 한국스포츠의 이해와 스포츠플랫폼, 제 2장은 스포츠플랫폼에 대한 Q&A를 통하여 앞서 스포츠플랫폼에 대한 내용들에 대한 예상되는 궁금증을 다시 한번 설명하는 구성으로 되어 있다.

제 4부에서는 스포츠플랫폼의 방향성으로 제 1장은 스포츠플랫폼의 존재와 인식, 제 2장은 스포츠플랫폼이 나아가야 할 방향에 대하여 집필하였다.

스포츠플랫폼에 대한 생각들은 많은 사람들이 했다. 그렇지만 아직까지 구체화되거나 현실화되지 않았다. 그만큼 스포츠에 대한 생각들이 그리 크지 않거나 중요하다고 인식하지 않기 때문이다. 체육을 전공한 사람들 또한 이러한 생각들이 지배적이다. 진정한 지식은 아는 것에서 끝나는 것이 아닌 실천에 의해서 만들어진다.

스포츠는 학문적으로 이론과 실습을 동시에 한다. 그래서 스포츠를 전공하거나 연구하는 사람들은 다른 영역에 비해 실천력이 좋다. 세계적으로 유명한 스포츠 스타들을 보면 수많은 시행착오와 함께 꾸준한 실천으로 그 자리에 가 있다. 이렇게 이론을 바탕으로 실천하는 스포츠는 계속해서 실천을 해서 또 다른 이론과 함께 성장하고 발전한다.

이제는 스포츠플랫폼을 통하여 누구나 원하는 시간과 장소에서 스포츠 경기를 하고, 스포츠 강습을 받으면서 살아가게 될 것이다.

우리는 직접 전화해서 배달하는 것이 귀찮고 코로나19라는 시대적이고 사회적인 상황에서 엄청나게 성장한 배달플랫폼을 보면서 이제는 서로가 만나서 스포츠 배우고, 행하는 시대로 전환해야 하는 시점에 와 있다.

하지만 스포츠플랫폼은 아직 없다. 이 책을 보고 스포츠플랫폼에 대한 이해와 인식이 변화되었으면 한다. 그리고 많은 기업들이나 스포츠플랫폼을 운영하고 싶다면 저자에게 연락해주시길 바란다. 이 책에서 스포츠플랫폼에 대한 기본적이고 중요한 내용들은 기술하였다. 그렇다고 바로 스포츠플랫폼이 만들어져 우리에게 상용화되는 것은 아니다.

스포츠플랫폼을 제대로 운영할 수 있는 철학과 비전을 갖춘 누군가가 있다면 본 저자는 함께 할 것이다. 우리나라 플랫폼 기업으로 유명한 네이버나 다음에서 이 스포츠플랫폼을 함께 운영한다면 스포츠플랫폼과 그 회사는 동반성장을 할 것이다. 왜냐면 플랫폼 기업으로 선도적인 역할을 하고 있을 뿐만 아니라 그만큼 운영 및 관리를 할 수 있기 때문이다. 그렇다고 굳이 이 두 기업에게만 기회를 주고 싶지 않다.

다시 말해 이 책에 있는 스포츠플랫폼에 대한 기본 철학과 비전이 일치해야 하기 때문에 이에 해당하는 기업과 단체나 모든 사람들에게 동등하게 기회가 있다고 본다.

나는 새벽 5시에 스포츠플랫폼을 통해 나와 동등한 레벨하고 테니스를 우리집 근처에서 1시간 경기를 하고, 1시간은 스포츠플랫폼에서 인정한 자격이 있는 지도자에게 강습을 받을 것이다. 이러한 상황들은 이제 현실이 되어 우리나라 모든 사람들이 스포츠플 랫폼을 이용하게 될 것이다.

스포츠플랫폼에 대한 긍정적인 효과와 영향도 있겠지만 그에 상 응하는 부정적인 상황들도 존재할 것이다. 그래서 스포츠플랫폼에 대한 철학과 비전이 필요하며, 앞으로 나아가야 할 방향도 중요하 다.

이 책이 스포츠를 사랑하고 즐기는 모든 사람들이 더 편하고, 안전하게 스포츠를 행했으면 한다. 단순하게 스포츠에서 직업 창출 과 이익극대화를 위한 것이 아닌 스포츠의 양적인 성장과 질적인 발전을 함께 이뤘으면 한다.

마지막으로 이 책이 나올 수 있도록 많은 영감과 아이디어를 준 와이프에게 너무 감사하고, 큰딸 주화와 둘째딸 서유가 있었기에 밤잠을 줄여가며 이 책을 완성할 수 있었다. 우리 가족 모두 사랑 합니다.

그리고 멋진 친구이자 스포츠플랫폼에 대한 아이디어와 게임적 인 요소가 반드시 필요하다고 한 김희영과 안지선씨에게도 너무 감사하다는 말을 전합니다.

제 1부 현대사회와 스포츠

현대사회에서 스포츠는 어떠한 의미와 가치를 가지고 있는가? 2022년 카타르 월드컵에서 우리나라는 극적으로 16강을 진출하면서 각본 없고 아주 재미있는 드라마를 온 국민들이 즐겁게 보았다. 경기시간은 우리에게 새벽시간대였지만 많은 사람들이 밤잠을 설치면서 응원하고 또 응원하였다. 이러한 상황들은 축구라는 스포츠가 우리 삶을 움직이고 변화시키고 있는 것이다.

이렇듯 현대사회에서 스포츠는 이제 밀접한 관계를 맺으면서 서로 여러 다양한 영향을 주고받고 있다. 이에 제1부에서는 총 3장으로 구성하여 스포츠에 대하여 좀 더 깊이 생각하는 과정을 거칠 수 있도록 되어 있다.

제 1장 스포츠는 누굴 위한 것인가?

현대사회에서 스포츠는 우리의 삶과 매우 밀접한 관계를 맺고 있다. 여가와 함께 삶의 질을 추구하면서 더욱더 스포츠는 우리 삶의 중요한 의미와 가치를 형성하고 있다. 작금의 코로나-19 상황으로 전반적으로 스포츠는 위기에 처해 있지만, 이 또한 잘 이겨내서 다시금 스포츠를 보고, 하고, 즐길 수 있게 될 것이다.

그렇지만 포스트코로나 시대가 온다고 해도 그 전과 같은 삶은 이어지지 않을 것이라고 많은 전문가들은 이야기 한다. 이에 스포츠도 제대론 된 대응을 위해 여러 다양한 노력들이 요구되어야 한다. 특히 코로나-19상황에서 스포츠에서 나타난 여러 현상들을 충분히 논의하고 준비해야 하는데 이를 위해서는 먼저 스포츠가 무엇인가에 대한 명확한 개념과 우리사회에서 어떠한 위치와 영향을 주고 있는지에 대하여 논의해야 한다.

현재 많은 학자들과 전문가들은 포스트코로나 시대에서 우리의 삶이 지금보다 더 나은 상황으로 이어질지 대하여 예측하거나 준비하는 것보다는 작금의 상황을 어떻게 대처해야 하는지에만 몰두하고 있다. 이에 체육계 학자들과 전문가들 또한 스포츠를 그렇게 사고하고 있는 실정이다.

이는 현재의 상황을 누구도 겪어보지 못했던 초유의 사태이자 우리사회전반에 송두리째 영향을 주고 있기 때문이다. 그렇지만 이 시기는 언젠가 지나 갈 것이다. 따라서 많은 학자와 전문가들은 포스트코로나 시대를 위한 많은 아이디어와 함께 현재의 위기를 타개하고자 여러 상황들을 만들고 있지만, 현실에서는 아직도 많이 부족하고 힘들건 사실이다. 스포츠도 예외는 아니며, 어쩌면 스포츠 산업 전반의 위기가 다른 업종들보다 더 심각한 것은 아닌지 의문이 든다.

이러한 상황에서 정부의 지원만으로는 이 위기에서 살아남기 보다는 점점 더 늪에 빠질 수밖에 없는 것은 아닌지 묻고 싶다. 이러한 질문들이 쌓이고 쌓이면 좋은 대안들이 나오지 않을까라는 생각이 든다. 그렇지만 장밋빛 미래에 대한 희망만으로는 현실이 너무 가혹하기 짝이 없다. 하지만 이마저도 하지 않는다면 스포츠를 전공하고 연구하는 학자로써 직무유기라고 생각한다. 그래서 스포츠에 대한 이야기를 제대로 하면서 작금의 코로나-19를 넘어 미래를 선도하는 스포츠 세상이 펼쳐지길 바라며, 이장의 주제로 들어가면 다음과 같다.

스포츠의 주체는 인간이다. 그러니 스포츠는 인간을 위한 것이어야 한다. 그렇지만 반드시 스포츠가 인간만을 위한 것이 아닐 때도 존재한다. 스포츠에서 만연하게 형성되고 있는 승리지상주의, 결과중심주의, 물질만능주의는 스포츠에도 영향을 미쳐 인간을 위한 스포츠가 아니게끔 변화되고 있다.

스포츠는 몇몇 종목들을 빼고는 대면으로 이루어지고 존재한다. 이는 스포츠의 특성인 경쟁을 바탕으로 탁월함을 추구하고 있기 때문이다. 그렇다고 경쟁은 타인과의 경쟁만을 이야기 하는 것이 아닌 자기 자신과의 경쟁, 자연과의 경쟁 등도 포함된다. 그렇지만 우리사회에서 인기 있는 스포츠는 타인과의 경쟁이 주를 이룬다. 그리고 팀을 이루거나 그 팀이 어느 지역을 연고를 하면 더욱 감정이입이 되어 더 많은 관심과 사랑을 받는다. 나아가 국가대표 경기는 우리나라 국민들을 화합에 이르기까지 한다. 이처럼 스포츠의 순기능은 우리사회 전반에 걸쳐 긍정적인 영향을 주듯이 스포츠의 역기능 또한 우리사회에 악영향을 주기도 한다.

그렇지만 스포츠는 순기능적인 요소들만 우리들에게 보여 주길 원하며, 누군가에 의해서 지속적으로 그렇게 만든다. 스포츠는 선수와 선수가 대면을 해야 하고, 이를 직접 보기 위해서 관중들을 대면해야 한다. 하지만 작금의 상황에서는 이를 막고 있다. 그래서 스포츠는 위기에 있는 것이다. 스포츠의 본질적인 경쟁과 그 경쟁의 핵심인 대면으로 하는 경기들이 방역지침에 따라 원천 봉쇄가 된다면 스포츠의 존재는 아무도 장담할 수 가 없다.

그래서 많은 나라들에서 스포츠의 리그가 중단, 연기, 취소가 되었거나 앞으로의 일정을 확신할 수 없는 사례가 형성된 것이며, 전 세계인들의 스포츠 축제라고 할 수 있는 2020년 도쿄올림픽 또한 이 냉혹한 현실에서 벗어날 수 없었으며, 2021년으로 연기되어 열렸다.

다시 스포츠는 누구를 위한 것인가에서 작금의 코로나-19상황에서는 인간이라는 것을 잘 보여주고 있다고 생각한다. 인간의 생명과 안전을 위해서 스포츠를 통제하는 것은 스포츠의 주체가 인간이라는 것을 확실하게 보여주는 것 같다. 그렇지만 스포츠가 인간만을 위해서 성장하고 발전한 것이 아니기 때문에 코로나-19 상황에서의 스포츠의 위기는 본질적으로 당연하기도 하면서도, 이와 반대로 그렇지도 않다. 전반적인 스포츠의 위기 속에서도 호황 아닌 호황을 누리는 스포츠 산업들도 존재하기 때문이다. 스포츠도 하나의 산업이자 문화로써 우리사회에서 자리매김하고 있기 때문에 한두 가지의 원인으로 모든 것을 설명할 수 없게 되었다.

최근 코로나-19상황에서도 축구 국가대표 평가전을 한다는 뉴스가 나왔다. 우리나라뿐만 아니라 많은 나라에서도 마찬가지로 국가대표 평가전이나 중요한 경기들을 어떻게든 하려고 한다. 이는 스포츠가 인간만을 위한 것이 아니라 무엇인가를 위해서 할 수밖에 없는 상황에 놓여 있기 때문에 위험을 무릅쓰고 추진하는 것은 아닌지 의문이 든다.

특히 대한민국 축구협회는 국가대표를 위해서 많은 예산에 대한 수입과 지출을 운영·관리한다. 그런데 국가대표 경기가 없으면 이러한 상황들에서 자유로울 수 없다. 선수들의 경기력도 문제이지만 이를 운영할 수 있는 예산에 대한 문제도 심각해질 수밖에 없기 때문에 경기를 할 수 밖에 없었을 것이다. 우리는 이러한 이야기들을 돈에 대한 잘못된 이해와 인식들로 말미암아 터부시하지 말고 이제는 당당하게 말할 때가 됐다. 국가대표의 경기력과 함께 관중수입, 중계권, 그리고 스폰서십 등을 고려해서 코로나-19상황에서도 불가피하게 할 수 밖에 없다는 것이 사실이자 현실 아닌가? 그리고 축구협회와 관련된 많은 사람들 또한 이와 더불어 같이 살아야 하지 않는가?

스포츠가 너무 경제적인 관점으로만 성장하고 발전하는 것에 대한 비판도 중요하지만, 이를 현실적으로 이해하고 해석하면서 진정 인간을 위한 것으로 만들려면 복잡한 원인들을 제대로 파악하고 대응하면서 미래를 위해 준비해야 한다. 이를 위해서는 끊임 없이 스포츠에 대해서 이야기해야 한다. 스포츠는 어떠한 의미와 가치를 가지고 있는가?

제 2장 스포츠와 문화

스포츠는 하나의 문화이다. 문화의 사전적 기본의미는 자연 상태에서 벗어나 삶을 풍요롭고 편리하고 아름답게 만들어 가고자 사회 구성원에 의해 습득, 공유, 전달이 되는 행동 양식. 또는 생활 양식의 과정 및 그 과정에서 이룩해 낸 물질적, 정신적 소산을 통틀어 이르는 말. 의식주를 비롯하여 언어, 풍습, 도덕, 종교, 학문, 예술 및 각종 제도 따위를 모두 포함한다(다음 한국어 사전, 2020).

위의 사전적 의미에서는 스포츠를 언급하지 않았지만 문화는 스포츠를 포함하며, 스포츠는 문화의 한 부분이다. 그리고 스포츠와 문화는 스포츠 문화로 이야기 할 수 있다. 현재 우리나라에서 스포츠의 개념은 단순한 차원을 넘어 하나의 문화이자 중요한 문화 콘텐츠로 이해되고 있다고 볼 수 있다.

이는 프로스포츠의 관중이 1000만 시대의 양적인 성장과 함께 다양한 볼거리와 재미, 흥미, 관심, 즐거움, 사랑 등의 질적인 발전도 하였기 때문이다. 그렇지만 여기에는 짧은 역사에 따른 다양한 문제들도 함께 양상 되고 있어 이에 대한 해결방안도 모색되어야 하는 숙제를 안고 있다. 이와 더불어 스포츠강국이라는 타이틀에서 만족하는 것이 아닌 스포츠 선진국으로 전환되어야 하는 상황에 직면해 있다.

그래서 스포츠와 문화, 그리고 스포츠 문화라는 개념과 정의가 바로 서야 스포츠 선진국에 도달했을 때 우리만의 스포츠 문화를 만들어 한류[1]의 상황 속에서 K-스포츠의 역할이 형성되지 않을까 생각된다. 그러기 위해서는 우리만의 스포츠를 만들어 가야 한다. 그렇다고 해서 우리의 것이 무조건 세계적인 것이 될 수 없듯이 글로벌한 우리만의 장점을 강점화 시켜야 한다. 여기에 한류가 왜 인기와 함께 고부 가치를 창출하는지에 대한 충분한 논의가 이루어져야 하며, 이를 토대로 K-스포츠에 적용해야 하지만, 그 전에 K-스포츠에 대한 제대로 된 논의가 선행되어야 한다.

이에 우리나라 스포츠에 대하여 이야기를 한다면, 다시 체육과 스포츠에 대한 용어의 개념과 쓰임에 관하여 논해야 한다. 우리는 아직 체육과 스포츠의 단어를 혼용해서 사용하고 있고, 무엇이 체육이고 스포츠인지 체육학을 전공한 사람들 또한 명확하게 답을 내리지 못하고 있으며, 현재까지도 이 논의는 계속되고 있다.

그렇지만 언어의 사용은 현재의 상황들을 대변한다. 우리가 체육이라는 단어와 스포츠라는 용어 중에 더 많이 사용하는 것이 이 둘의 관계와 개념, 그리고 정의에 영향을 준다. 과거에는 체육이라는 단어의 사용이 일상이었다면, 현재는 스포츠라는 단어가 더 많

---

1) '한류'라는 단어는 1990년대에 대한민국 문화의 영향력이 타국에서 급성장함에 따라 등장한 신조어이다. 초기 한류는 아시아 지역에서 주로 드라마를 통해 발현되었으며 이후 K-POP으로 분야가 확장되었다. 2010년대에 들어서는 동아시아를 넘어 중동(북아프리카 포함), 라틴 아메리카(중남미), 동유럽, 러시아, 중앙아시아 지역으로 넓어졌으며, 최근에는 북아메리카(북미)와 서유럽 그리고 오세아니아 지역으로 급속히 확산되고 있다(위키백과사전, 2021). https://ko.wikipedia.org/wiki/

아지고 있는 것 같다. 이러한 상황들로 인하여 체육과 스포츠의 개념과 정의에 있어 더욱 혼란과 혼용이 되고 있는 것이다.

이렇듯 스포츠의 개념과 정의추구에 대한 혼란은 비단 우리나라에만 국한되고 있는 것은 아니다. 어쩌면 스포츠라는 용어를 사용하는 모든 국가에서 발생하고 있다고 볼 수 있다. 그렇지만 각 민족과 나라에 문화가 다 다르듯이 스포츠 개념과 정의도 다 다를 수밖에 없지만, 스포츠는 국제적인 시스템으로 인하여 표준화, 제도화, 조직화를 거쳐 스포츠를 하나의 문화로써 성장발달 시켰다.

우리나라에 스포츠가 도입된 시기는 스포츠 종목에 따라 다르지만 보통 개화기 전후이다. 여기에 스포츠라는 기본 개념이 형성된 것은 그리 오래 되지 않았다. 그리고 하나의 문화로써 인정받기 시작 한 것 또한 그러하다. 이는 우리나라가 유교적인 문화의 영향으로 신체의 움직임이나 활동에 대하여 업신여기는 의식들이 형성되면서부터 현재까지도 이러한 인식들이 완전히 없어지지 않은 채 존재하기 때문이다.

그래서 스포츠에서 문화라는 것은 어울리지 않는 조합으로 여겼으며, 그 타당성에서도 지속적인 의문을 가져왔다. 그리고 스포츠와 문화와의 관계에서도 스포츠가 하나의 문화로 인정을 하더라도 저급하거나 낮은 문화로 인식하는 것이 작금의 상황이다. 이렇다 보니 스포츠에서 문화라는 것은 아직도 의식의 변화와 함께 스포츠를 제대로 된 이해와 인식의 필요성을 남겨두고 있다.

제 3장 K-스포츠란?

k-스포츠는 한류에 해당되는 대한민국 문화의 영역 중에 하나로 대한민국의 스포츠 문화이다. 한류에서 다른 영역들에 비해 스포츠는 아직 미비한 실정이다. 그렇지만 다시 생각해보면 k-스포츠라고 할 수 있는 많은 일들이 있었으며, 현재 진행형이다. 코리안 메이저리거의 수식어가 생겼다고 할 수 있는 박찬호부터 추신수, 류현진 등 여러 야구선수들이 세계에서 제일 큰 리그에서 펼친 활약들은 k-스포츠라고 할 수 있지 않은가? 그리고 박세리부터 시작된 한국여자골프의 활약상은 동양을 넘어 전 세계적이지 않은가?

또한 축구계에서 월드클래스라고 불리고 있는 손흥민은 한류의 선봉이자 k-스포츠라고 할 수 있지 않은가? 이러한 상황임에도 불구하고 한류에서 스포츠는 한류를 대표하는 음악, 드라마, 음식, 기술, 게임 등에 비해 평가절하 되고 있다고 본다.

여기에는 다양한 이유와 복잡한 상황들로 말미암아 k-스포츠라는 용어조차도 한류에 포함되어 있지 않은 게 현실이다. 어떠한 관점으로 보느냐에 따라 달라지겠지만, 스포츠가 우리사회에서 차지하는 위치와도 매우 깊은 관련이 있으며, 다른 한류의 영역에 비해 상업적, 경제적으로 큰 도움이 안 되고 있기 때문이라고 판단된다.

현재 우리나라에서 스포츠는 많은 관심과 사랑을 받고 있다. 그리고 삶의 질 향상을 위해 많은 사람들이 스포츠를 보고, 즐기며,

행하고 있다. 여기에 스포츠의 순기능과 역기능 모두 우리사회에 많은 영향을 미치고 있다.

특히 우리나라에서 스포츠는 정치적 수단과 함께 국위선양을 우선시 하는 풍토로 엘리트스포츠 위주의 성장과 발전에만 국한되어 있었다. 이는 국민체육진흥법에도 명시되어 있는 국위선양이라는 것도 한 몫을 했다. 현재는 법적으로 국위선양이라는 문구가 빠져 엘리트스포츠에 따른 스포츠 강국에서 엘리트스포츠와 생활체육의 통합과 함께 조화롭게 발전되는 스포츠 선진국으로 전화되고 있는 상황이다.

이에 스포츠 선진국이라고 칭하고 있는 서구 여러 나라들이 추구하는 방향으로 우리나라도 흘러가고 있지만, 이 역시 좋은 것은 받아들이면서도 우리나라의 현실과 상황에 맞춰서 변화되는 것이 필요하다.

그래서 k-스포츠가 다른 영역들에서 보이고 있는 우리만의 무엇인가가 필요하다. 여기에 스포츠의 경기적인 측면으로만 논의한다면 현재의 한류에서 스포츠에 대한 판단은 크게 변화지 않을 것이다. 이에 스포츠에서 한류의 특성들을 융합하여 무엇인가를 만들 필요가 있다. 우리가 잘하는 것이 세계적인 것이 될 수 있는 것이 스포츠에서 무엇인가?

본 저자는 우리나라의 빠름에 대한 것을 스포츠에 적용하고자 한다. 스포츠는 본래 더 빠르게라는 것을 모토로 한다. 그래서 우리나라의 빠름과 스포츠의 본질을 연결한다면 우리의 스포츠가 한류의 다른 영역들과 함께 형성되지 않을까라는 생각을 하며, 다음

장에서 구체적으로 기술하고자 한다.

제 2부 스포츠와 소통

스포츠에서 소통은 사람이 주가 된다. 팀 스포츠에서 선수들끼리의 소통은 매우 중요하다. 그리고 선수와 지도자와의 소통도 마찬가지이다. 그렇지만 필드에서는 대화가 잘 안되기 때문에 다양한 방식으로 소통을 하려고 한다. 야구에서 지도자가 선수에게 작전에 대한 소통을 경기중간에는 몸짓(제스처)을 통해서 한다. 그리고 투수와 포수는 지속적으로 약속된 사인을 통해 소통한다. 이렇듯 경기장 안에서는 선수, 지도자는 소통을 하고 있으며, 관중 또한 함께 교감하면서 소통하고자 한다.

간혹 우리는 스포츠를 볼 때 소통이 잘 안 되고 있는 상황들을 자주 보게 된다. 예를 들어 지도자는 선수의 플레이에 마음에 들지 않아 선수에게 큰소리를 치거나 매우 짜증나는 제스처를 보이기도 한다. 그리고 심판이나 다른 팀 선수와 관계자들 사이에서도 소통이 제대로 이루지 못해 불미스러운 일들을 만들기도 한다.

이렇듯 스포츠에서 소통은 매우 중요하다. 경기적인 측면뿐만 아니라 스포츠 전반에 있어 소통의 문제는 다양하게 존재한다. 스포츠에서 사회적, 경제적, 문화적인 측면 또한 소통의 문제가 발생할 수 있다. 이에 스포츠와 우리사회 전반의 원활한 소통을 위하여 이번 장에서는 스포츠플랫폼에 대하여 이야기하고자 한다. 스포츠플랫폼은 직접적으로 경기장에서 발생하는 소통의 문제가 아닌 우리사회 전반의 내용을 담고 있다. 현재 우리사회에서 음식의 소통은 직접 음식점을 방문하여 먹는 것과 함께 배달과 포장을 통해 이루지고 있다. 여기에 음식을 배달과 포장을 위한 플랫폼이 형성되어 엄청난 성장과 발전을 하고 있다. 의식주라고 할 수 있는 모든 것들이 플랫폼에 의해서 소통된다. 아직 스포츠에 대한 플랫폼은 전무한 상태이다. 그만큼 스포츠가 우리사회와 소통이 잘 이루어지지 않고 있다고 볼 수 있다. 이에 제 2부에서는 스포츠플랫폼에 대한 아이디어들을 펼쳐놓고자 하였다.

제 1장 스포츠플랫폼이란?

k-스포츠는 한류의 한 영역으로 자리 잡고자 본 저자가 사용하는 단어이다. 그렇지만 k-스포츠라는 단어는 코로나-19 상황에서 k-방역과 함께 우리나라 프로스포츠가 다른 나라들에 비해 먼저 리그를 시작하면서 잠시 형성되었던 용어이기도 하지만, 현재는 널리 사용되고 있지 않고 있다.

이에 k-스포츠라는 단어와 함께 우리나라의 빠름에 대한 특성을 스포츠플랫폼으로 구현하고자 하며, 앱을 통하여 실현하고자 한다. 앱의 사전적 의미는 스마트폰이나 태블릿 피시 등의 운영 체제에서 사용자의 편의를 위해 개발된 다양한 응용 프로그램(다음 한국어 사전, 2020)이다.

우리는 모바일(mobile)을 매일 함께 한다. 모바일이 우리의 삶에 없으면 이제는 불편함이 아니라 일상생활을 제대로 영위할 수 없을 정도가 되고 있다. 모바일에서 앱은 불가분의 관계로 폭넓고 다양한 앱들이 우리의 모바일에 설치되어 가동되고 있으며, 사람들의 삶의 스타일에 따라 각각의 앱들이 만들어지고 없어지고 있다.

여기서 모바일의 사전적 의미는 휴대전화, 무선, 활동적인, 이동하기(움직이기) 쉬운, 고정되어 있지 않은, 잘 변하는, 유동적인 등의 뜻(다음 영어 사전, 2020)을 가지고 있다. 우리나라에서 휴대전화와 IT산업의 전반적인 발전은 모발일의 뜻처럼 이동하기 쉽고,

유동적인 사고들이 형성되었기 때문이며, 급변하는 세계정세에서 우리나라의 빠름이 어느 정도 영향을 미쳤기 때문이라고 볼 수 있다.

이에 우리나라의 빠름은 IT산업의 발전을 더욱 가속화 시켰으며, 초고속 통신망을 보급함으로써 인터넷강국으로 도약하게 만들었다. 또한 휴대전화의 혁신에도 우리나라의 빠름이 작용하여 세계적인 기술을 가지게 되었다. 그렇다고 해서 우리나라의 빠름이 모든 것이 좋고 긍정적인 발전에만 영향을 미친 것은 아니며, 이것이 모든 발전에 원동력이라고도 할 수 없지만, 이것을 무시할 수 없다고 본다.

이렇듯 우리나라의 빠름은 우리의 문화이면서 전반적인 서비스산업의 성장과 발전에 영향을 미치고 있다. 작금의 코로나19상황에서의 사회적 거리두기로 인하여 산업전반의 변화가 불가피하게 되었다. 어쩌면 이로 인하여 미래의 사회가 더 빨리 다가오고 있는 것은 아닌지 모르겠다.

인간은 사회적 동물이라고 해서 사회성에 관한 것들을 과학적으로 접근하고 사유하여 현재의 사회를 만들어내고 있다. 하지만 코로나-19는 그 사회거리두기를 통해 사람간의 연결을 차단하고 있다. 여기에 많은 것들이 멈추고, 변하고 있으며, 생존의 갈림길에 선 사람들이 넘쳐나고 있다. 이러한 변화에 어떻게 적응하고, 그 변화를 주도적으로 움직이느냐에 따라 앞으로의 인생이 달라질 것이다.

스포츠도 예외는 아니다. 코로나-19상황에서 스포츠의 양상은 우리가 직접 보고, 경험하고 있다. 우리나라뿐만 아니라 프로스프 츠리그, 여러 다양한 스포츠 행사 및 대회, 올림픽이나 월드컵처럼 메가스포츠이벤트 등의 경기가 연기, 축소, 취소, 관중의 인원 제 한 등이 되고 있다. 이뿐만 아니라 스포츠 전반의 산업이 위축되고 있어, 앞으로 스포츠 발전을 장담할 수 없는 상태이다. 특히 스포 츠 시설업을 하고 있는 많은 스포츠업장들이 휴업 및 폐업을 하고 있으며, 다시 정상적인 운영을 위한 기약 없는 기다림의 연속에 봉 착되어 있다.

이에 음식배달앱이 사람들의 니즈(needs)에 의해 개발되었고, 코 로나-19상황에서는 다른 업종에 비해 제일 크고 지속적으로 성장 하고 있다. 그렇다면 스포츠도 배달을 하면 어떨까? 라는 말도 안 되는 상상을 해 본다. 그렇지만 스포츠에 종사하는 많은 사람들은 뭐든 하고 싶은 생각으로 하루하루를 버티고 있을 것이다. 그래서 일반 사람들이 원하는 스포츠 서비스가 무엇인지 대한 생각을 해 보면 다음과 같다.

쉽게 말하면 스포츠플랫폼의 앱을 개발하는 것이다. 모든 스포 츠를 즐기는 사람들을 위해서 말이다. 여기에는 구인과 구직이라는 큰 틀도 있지만, 생활스포츠를 즐기는 많은 사람들이 주를 이루게 될 것이다. 이에 대한 자세한 설명은 다음 장에서 기술하고자 한 다.

제 2장 스포츠플랫폼의 이해와 이용

k-스포츠앱은 가칭이다. 이 앱의 제일 큰 특성은 내가 원하는 시간과 장소에 운동을 마음대로 하고 싶게 만드는 것이다. 예를 들어 내가 웨이트트레이닝을 새벽 1시에 집 근처 헬스장에서 개인 pt(개인레슨)를 받고 싶다면 이를 연결해주는 앱이 k-스포츠앱이라는 것이다. 그런데 보통 이렇게 스포츠를 내가 원하는 대로 하는 것이 가능한가?

배달앱을 예를 들면 단순히 모바일 시대에 굳이 전화로 하는 것도 싫고, 주위에 맛집이나 먹고 싶은 음식을 집까지 배달해주면서 걸리는 시간까지 실시간으로 확인되는 앱의 특성을 가지고 있다. 이에 현재 배달앱의 사용에 있어 이제 선택이 아닌 필수가 되고 있다.

이렇듯 배달앱의 음식은 스포츠 강습이나 장소(스포츠시설)가 될 수 있다. 이제부터 소비자는 배달앱의 음식처럼 스포츠를 원하는 시간, 장소, 강습 등을 언제든지 받을 수 있는 고객이 되는 것이다. 여기에 강습을 안 받고 개인적으로 운동을 해도 무관하다. 그 장소 사용료(이용료)가 음식이 되니깐 말이다.

이러한 단순한 설정으로도 충분히 좋은 결과가 예상되지만 디테일한 부분들이 필요하다. 그것은 바로 생활체육인들의 시간과 공간에 대한 문제와 실력(운동수행능력)에 따른 등급 설정이 필요하기 때문이다.

스포츠의 특성은 경쟁을 통한 탁월함 추구이다. 이러한 스포츠 본질에 대하여 k-스포츠앱에서 구현하고자 한다. 다시 예를 들어 많은 스포츠 종목 중에 내가 테니스를 하고 싶어 시간과 장소를 k-스포츠앱을 통해 구했고, 강습은 필요 없지만 상대를 해줄 사람이 필요하게 될 것이다. 이를 k-스포츠앱이 연결을 해주는 것이다.

그렇지만 스포츠는 대등한 경기를 할 때 본인뿐만 아니라 보는 사람한테도 많은 재미와 즐거움을 선사한다. 만약 내가 선수출신은 아니지만 테니스 경력이 10년 이상이고 생활체육대회에서도 등급이 높다라면 기초실력인 사람하고 경기를 하는 것은 재미가 없을 것이다. 초보자도 당연히 그렇기 때문에 K-스포츠앱은 각 종목별로 등급을 설정하게 된다.

이를 다시 자세하게 설명하면 이렇다. 개인종목인 경우에는 등급이 15단계로 구분되어 있다. 여기에 1단계에서 5단계는 지도자 단계이며, 6단계부터 15단계까지 일반단계이다. 이 앱에 가입이 되고 자기가 원하는 종목을 선택하여 들어가면 최초 15단계로 설정이 된다. 그래서 내가 원하는 시간과 장소에서 강습을 받으면서 운동을 하고 싶다면, 1단계에서 5단계까지의 지도자 등급에 맞춰 선택하면 된다. 지도자 단계는 뒤에서 자세하게 이야기 하도록 하겠다.

다시 강습 없이 탁구라는 스포츠를 즐기고 싶다면 자기 등급에 맞는 사람과 함께 시간 장소에 대한 설정을 해 놓고 경기를 한 다음에 승패를 올리면 된다. 그래서 많은 경기와 승률이 높으면 당연히 시스템 상에서 게임과 같이 등업이 될 것이며, 자신은 다시 그 등급에 맞게 탁구를 즐기게 된다. 여기서 반드시 자기의 등급에 맞는 사람하고만 경기하는 것이 아니라 여러 다양한 등급하고도 경기를 할 수 있다. 그에 따른 경기 결과와 등업은 시스템상에서 알아서 올려줄 것이다.

여기서 몇 가지 문제가 있다. 스포츠 경기에는 정해진 시간과 장소가 있다. 만약에 여러 일이 생겨 시간과 장소에 가지 못할 경우가 생기게 될 것이며, 불특정한 사람들하고 경기를 하기 때문에 안전에 대한 문제도 있을 것이다. 이에 예약취소는 숙박앱처럼 기간에 따라 패널티(벌)가 다르게 설정이 되며, 이것도 많이 쌓이면 한동안 예약을 할 수 없게 된다. 그리고 상대 선수에 대한 평점을 줄 수 있어 매너나 여러 다양한 평점들 합인 총점을 보고 그 사람과 경기를 할 것인지에 대하여 제대로 판단할 수 있게끔 자료들이 오픈되어 있어 이에 대한 문제들을 보완하고자 한다.

그리고 안전문제 또한 카카오택시처럼 누구와 경기를 하고 있으며, 언제 도착할 수 있는지와 늦게 도착하거나 비매너인 경우에는 위에 경우처럼 패널티가 쌓여 안전문제를 미리 예방하고 방지하고자 한다.

제 3장 스포츠플랫폼의 활용

이장에서는 K-스포츠앱에 대한 활용이다. 먼저 체육인들에 대하여 이야기를 하면, K-스포츠앱을 이용하여 자신이 하고 싶은 종목을 선택하고, 등급에 맞는 사람들이나 아니면 등급을 다르게 해서 경기를 할 수 있다.

내가 서울에 살고 있는데 갑자기 부산으로 출장을 가게 되었고, 약간의 시간이 남아 스포츠를 하고 싶다면 K-스포츠앱을 통하여 자신이 원하는 종목과 함께 같이 상대해줄 사람(자신과 맞는 등급이나 자신보다 높거나 낮은 등급)을 원하는 시간과 장소에 예약하고 만나 즐겁게 스포츠를 즐기면 된다. 아니면 강습이 필요하다면 등급에 따라 강사를 선정하여 그 등급에 따라 금액을 지불하고 스포츠를 배우면서 즐기면 된다.

그런데 내가 즐기는 스포츠 종목은 타인과의 경쟁이 필요한 스포츠가 아닌 자신과의 경쟁을 통한 스포츠인 경우에도 K-스포츠에서는 가능하다. 자신과의 경쟁 스포츠 중에 하나인 조깅을 한다면 이 K-스포츠앱을 통해서 출발시간과 거리 측정을 한 다음에 이 기록들은 본인의 마이페이지에 저장이 되면서 이에 따른 사이버캐시를 받게 된다. 이 사이버캐시는 후에 같은 종목이나 다른 종목 강습에 대한 페이로 지불할 수 있게 설정되어 있기 때문에 자신과의 경쟁을 하는 스포츠는 시작하기 전에 설정을 잘 해서 돈이 되는 스포츠를 하면서 더 즐길 수 있게 된다.

그리고 산책(걷기운동)이나 조깅, 자전거, 등산, 수영 등을 다른 사람들과 같이 하고 싶다면 거리와 운동수행능력에 따라 등급이 형성된 사람들과 동반자적인 개념으로 K-스포츠앱을 활용할 수 있다. 이때도 원하는 시간과 장소를 골라서 하면 된다. 이는 경주에서 페이스메이커가 있듯이 혼자 달리는 것 보다 같이 스포츠를 한다면 그 효과와 재미는 배가 될 것이기 때문이다. 이 종목들에도 등급들이 형성되어 있고, 초보자와 숙련자들에 대한 배려와 상호존중이 무엇보다도 필요하기 때문에 상호 평가를 할 수 있으며, 매너와 안전에 관한 것들은 상대와 겨루는 종목들과 똑같이 적용된다.

타인과의 경쟁을 하는 스포츠들은 개인종목과 단체 종목으로 구분할 수 있다. 개인종목들 중에서도 탁구, 테니스, 배드민턴 등은 개인종목이지만 2인 1조 복식으로 이루어진 경기가 있는데 이 경우 파트너십이 매우 중요하게 작용된다. 이에 개인경기도 할 수 있는 종목이기도 하지만 장소에 대한 한계와 각 종목의 동호회나 생활체육대회의 특성상 복식으로 운영되는 것이 현실적으로 더 많기 때문에 이에 대한 종목들은 개인과 복식으로 나뉜 공간들로 설정되어 있다.

그리고 코로나-19상황에서 골프는 호황 아닌 호황인 상황이다. 우리가 흔히 이야기 하는 골프장은 골프를 치기 위한 곳으로 18홀 규모의 정규코스의 골프장도 있으며, 9홀로만 된 골프장도 있다. 그리고 골프를 연습할 수 있는 실내·외 골프연습장과 실내에서 스크린에 비친 골프 코스의 영상을 향하여 골프공을 칠 수 있도록 시설을 갖추어 두고 영업을 하는(다음 한국어사전, 2020) 스크린골프장이 있다.

이에 골프장에 가기 위해서는 사전예약인 부킹을 한다. 그리고 4인 동반으로 골프를 즐긴다. 여기에 4명은 보통 잘 아는 사람이거나 잘 알고 싶어서 가는 경우가 많다. 불특정한 사람하고 골프를 즐기는 경우는 흔하지 않다. 그래서 골프 부킹 후 같이 가기로 한 동반자가 같이 못 갈 경우 이를 찾기 위해 매우 부단하게 노력한다. 이는 골프 라운딩을 하면서 남 간섭받지 않고 동반자와 편한 시간을 함께 즐기기 위해서다.

그렇다면 k-스포츠앱에서 골프라는 종목은 활성화되지 못할 수 있는 한계가 있을 것이다. 그런데 현재 인기 있거나 성공한 앱들은 이러한 문제점들을 다 안고 시작하고 있으며, 계속 진화하고 있다. 에어비앤비도 어쩌면 불편하거나 잘 활용되지 않을 것 같았지만 현재는 역발상으로 미국 증시에도 상장된 상태이다. 그리고 카카오택시 또한 불안하고 불편할 것 같다는 개념이 이제는 편하고 안전하게 이용하는 것으로 인식이 변화된 상태이다.

그리고 k-스포츠앱은 1단계부터 5단계까지 지도자 공간들이 있고 이들한테 강습을 받을 수 있는 시스템이 있기 때문에 골프 종목 또한 k-스포츠앱에서 잘 활용될 것이다.

당구는 현재 프로리그가 생길 정도로 인기가 있는 스포츠이다. 당구는 개인운동이지만 상대가 없으면 재미가 반감되거나 아예 경기가 이루어지지 않으며, 가끔 혼자 하는 당구 또한 후에 경기를 위한 연습이자 훈련이라고 할 수 있다. 그렇다면 당구가 k-스포츠앱에서 어떻게 활용될 수 있는가?이다. 당구 또한 다른 스포츠와 마찬가지로 같이 할 동반자가 없어도 원하는 시간과 장소에서 경기를 할 수 있다. 당구장 사장님들이 혼자 온 손님들을 위해서 경기를 같이 해주시듯이 이 k-스포츠앱에서는 당구장 사장님 포함 많은 사람들이 등급에 따라 게임을 하고자 접속하게 될 것이며, 당구 또한 강습을 받을 수 있다. 여기에 당구장 이용료는 보통 당구장에서 행해지는 경기의 패자가 계산하는 것으로 되어 있다. 이에 k-스포츠앱은 기본적으로 더치페이형식(Dutch pay)과 패자가 이용료를 지불하는 방식 2가지로 구분하여 진행되며, 모든 스포츠 종목들에도 이와 같은 시설이용료 방식이 구현된다. 당구와 다른 스포츠 종목의 강습과 지도자와 관련된 것은 뒤에서 자세히 다루겠다.

그리고 스포츠 종목들 중에 우리가 흔히 말하는 도장, 체육관, 체육학원, 체대입시 등 체육시설업 관련 종목들은 더더욱 k-스포츠앱을 활용하게 될 것이다. 태권도, 검도, 유도, 복싱, 요가, 필라테스, 체형교정과 관련된 종목들이나 그룹 엑서사이즈(Group Exercise)프로그램 등들은 각자 자신의 시간, 장소, 능력(앱에서는 등급)에 따라 이용하게 된다. 단 이들 스포츠들은 보통 회원등록이 월단위인 개월로 하는 경우가 많기 때문에 k-스포츠앱에서는 일회성으로만 생각할 것이다. 그렇지만 음식배달앱에서 음식에 만족하면 일회성으로 끝나는 것이 아니라 평점도 좋게 주고 리뷰를 하면서 단골이 되는 것처럼 k-스포츠앱 또한 계속해서 일회성으로 할 수 도 있고 월 단위 회원등록도 할 수 있다.

또한 k-스포츠앱은 전국 어디서나 이용할 수 있다. 그리고 1개월 회원등록하고 제대로 가는 날이 없는 경우를 잠재적으로 없앨 수 있으며, 전반적으로 체육시설업 관련 종목들로부터 양질의 높은 서비스를 받게 될 것이다. 이에 대한 자세한 내용들은 다음 장에서 진행하겠다.

이렇듯 체육시설업과 관련된 스포츠 종목들은 체육시설 대여와 강습이 용이하게 이루어질 수 있는 장점이 있는 반면에 그 시설이 k-스포츠앱 이용자의 위치와 환경에 따라 달라질 수 있다는 측면 또한 존재한다.

다음은 단체종목이다. 우리나라에서 축구, 야구, 농구, 배구 등은 프로스포츠리그가 있을 만큼 인기 스포츠라고 할 수 있다. 그런데 이들 종목의 특성상 인원과 장소가 잘 갖추지 않으면 쉽게 할 수 있는 종목이 아니다.

이에 대한 제한으로 축구는 풋살이 생기면서 굳이 정규종목의 인원과 장소가 없어도 할 수 있게 되었고, 그때그때의 상황을 봐서 공을 차고 즐길 수 있게 되었다. 농구 또한 5명이 하는 실내체육관에서 하는 경우도 있지만, 실내·외에서 3대3으로 즐기거나 인원수에 맞춰서 하기도 한다. 배구 또한 꼭 6인제가 아니어도 9인제로 경기를 할 수 있으며, 생활스포츠에서는 9인제가 더 활성화되어 있다. 그리고 어떠한 대회가 아니면 당시 상황과 인원에 맞춰서 경기를 한다. 그런데 야구는 안전상을 문제와 최소한의 인원이 없으면 자체적으로 경기를 하는데 문제가 많다. 그리고 이들 종목들은 기본적으로 동호회로 운영되고 있다.

요새는 학교체육관이 일반인들에게 오픈되면서 스포츠동호회가 더 활성화되고 있다. 이는 장소에 대한 불안요소가 동호회 관점으로 보면 아예 사라지지 않았지만, 큰 문제가 없어지고 않고 있는 실정이다. 그래서 인원관리가 잘 되냐 안 되냐에 따라 오래가는 동호회가 있는 반면에 그렇지 않은 동호회도 많다. 스포츠 동호회 내에서의 힘의 작용은 보이든 보이지 않던 간에 어느 동호회에서나 존재하기 마련이다. 특히 잘 나가가는 동호회에서는 이러한 상황들에서 더욱 자유롭지 못하다. 단체종목인 경우 경기적인 측면에서는 포지션의 문제, 사회적인 측면에서는 인간관계의 문제들이 얽히고 설켜 있다.

이에 같은 지역에서 다양한 동호회가 생기고 없어지고 다시 생기는 반복의 연속인 경우가 허다하다. 굳이 동호회가 없어지거나 새로 생기지 않더라도 거기에 속한 동호인들의 변화는 꾸준하게 이어져 오고 있다. 그래서 우리는 학교 체육관이나 길거리에서 어느 스포츠 동호회 회원모집이라는 현수막을 자주 접하곤 한다.

이러한 문제들을 k-스포츠앱을 통해서 보완하고자 한다. 단체 스포츠 종목인 경우 등급에 따라 리그에 참여하는 동호회가 많다. 이 경우 동호회는 리그를 위해 각 팀의 선수들의 미리 사전에 리그에 가입을 요청한 후 경기에 참여하게 한다. 그리고 잘 된 리그는 팀 성적뿐만 아니라 개인성적 등을 기록하고 시상하고 있다. 이와 같이 앞으로 우리나라 생활스포츠 리그들이 선진국형으로 더욱 발전했으면 한다.

그렇지만 리그에 참여하면서도 더 많은 경기를 하고 싶어 하는 동호인들이 많다. 이에 그들의 위해서 각 단체스포츠 종목들에서는 용병리그도 진행하기도 한다. 각 리그 밴드나 커뮤니케이션 등을 통해서 스포츠에 대한 갈증을 풀어주고 있는 것이다. 이를 전국적으로 k-스포츠앱이 통합적으로 진행하고자 한다.

야구를 너무 좋아해서 리그에 참여하는 동호회를 가입하였지만, 야속하게도 스포츠는 냉정해 실력이 뒷받침해주지 못하면 자신이 원하는 포지션에 자기가 원하는 시간까지 참여할 수가 없는 것이 현실이다. 그렇지 않은 곳도 많이 존재는 한다. 그렇지만 스포츠의 특성상 이런 경우는 많지가 않다. 그래서 k-스포츠앱을 통해서 개인 레슨도 받고 다른 지역에 일이 있어 가더라도 자신의 운동수행 능력에 맞는 곳에 찾아 들어가 운동 할 수 있게 연결하고자 하는 것이며, 자신이 원하는 포지션 또한 그러하다.

따라서 동호회 활동에서 많은 어려움을 겪고 있는 생활체육인들이 더욱 자신이 원하는 시간과 장소, 그리고 포지션에 대한 문제들을 해결해가면서 k-스포츠앱을 편하게 활용할 수 있게 될 것이다.

제 4장 스포츠플랫폼의 구인과 구직

k-스포츠앱은 종목마다 등급이 있다. 보통 1단계부터 15단계로 되어 있으며, 1단계부터 5단계까지는 지도자 단계로 이 단계에 있는 이용자들은 각 종목별로 강습을 할 수 있으며, 받을 수도 있다. 6단계부터 15단계까지는 일반 생활스포츠 등급으로 여기서는 강습을 받을 수 있지만, 강습을 하는 것은 이 k-스포츠앱에서는 할 수 없다. 만약에 이 단계에 있는 이용자가 k-스포츠앱을 이용하여 따로 강습을 할 경우 그에 맞는 패널티(penalty)가 적용된다.

처음 시작하는 모든 이용자는 15단계부터 시작이다. 하지만 각 종목에 국가공인 자격증이나 자격증에 준하는 선수경력이 있으면 5단계부터 시작되면서 강습을 할 수 있다. 그래서 자격증을 갖춘 이 k-스포츠앱을 이용하는 스포츠지도자는 구인구직이 함께 이루어진다.

모든 스포츠지도자들은 5단계부터 시작이고, 지도자 등급은 보통 생활스포츠지도사 2급이 될 것이며, 선수경력은 대한체육회 등록 기간이 10년 이상이나 대회성적들을 심사를 거쳐 등급이 설정이 된다. 이로부터 k-스포츠앱에서 정한 등급 분류에 따라 4등급, 3등급, 2등급, 1등급으로 올라가게 된다.

등급을 올라가는 여러 지표 중에 강습 횟수나 경력도 있지만 여기서는 음식배달앱이나 다는 모든 앱들처럼 평점과 리뷰 등도 중요하게 작용된다. 이는 스포츠 강습은 음식배달앱에서 음식이다. 음식 자체가 맛이 없으면, 당연히 평점과 리뷰가 좋을 리가 없다. 그리고 아무리 평점과 리뷰만 잘 받으려고 여러 노력을 해도 끝내는 음식 맛이 없으면 오래 갈 수 없다. 그리고 k-스포츠앱의 안전과 운영이 잘 되기 위해서 더더욱 등급관리를 할 수밖에 없다.

그래서 등급이 올라가기도 하지만 내려갈 수 있으며, 패널티가 많이 쌓이면 등급이 올라가는 시간이 길어질 수밖에 없다. 이것은 다시 강습이 더 늘지 못하는 원인으로도 작용되어 이에 해당되는 지도자에게는 악순환이 될 수밖에 없다. 이는 양질의 높은 스포츠 서비스를 위한 하나의 장치이기도 하다.

이것은 k-스포츠앱을 이용하는 모든 사람들에게 스포츠에 대한 인식의 변화와 함께 스포츠 시장의 새로운 패러다임을 만나게 되는 것이다. 이 앱에서는 스포츠지도자로서의 자격과 인품을 갖추고 있다면 더욱 바쁘고 경제적으로 도움이 될 것이며, 그렇지 않으면 그에 따른 상황들이 놓이게 될 것이다. 이러한 상황들은 처음에 많은 혼란이 있을 것이지만, 시간이 지나면 이 시스템이 얼마나 효율적이고 실용적이라는 것을 알 게 될 것이다.

지도자로써의 일정에 따라 강습이 이루어지기 때문에 시간적 효율성이 생기게 될 것이다. 장소에 대한 문제들은 점차 체육시설들이 공유시스템으로 바뀌면서 해결될 것으로 판단된다. 이에 처음에는 체육시설업을 하고 있는 지도자들이 유리할 수밖에 없다. 이것은 그동안 그들이 지불한 시간과 노력, 그리고 자본에 대한 최소한의 보상이라고 할 수 있다. 하지만 이 또한 시간이 지나면 본인들의 노력과 역량에 따라 달라지므로 선도자로써의 역할과 그에 따른 책임을 지게 될 것이다.

우리는 겨울에 스키장에 가서 동계스포츠인 스키나 스노보드를 즐긴다. 그렇지 못한 사람들도 있지만, 많은 사람들이 즐기는 동계스포츠는 스키와 스노보드를 꼽을 정도로 대중화되었다. 스키장에 가서 혼자 스스로 타는 사람들도 많지만 강습을 받는 경우도 많다. 그러면 스키장에 있는 스키학교를 이용하는 경우도 있고, 스키장 근처에 있는 스키숍을 이용하는 경우도 있다. 아니면 동호회나 개인 코치를 받는 사람들도 있다. 스키장측면에서는 영업상의 문제와 안전 때문에 사설강습을 반대하고 있지만, 점차 인근 스키숍이나 스키장에 등록된 사람들에게는 강습을 허락하고 있는 추세이다.

그렇지만 스키장에 등록되지 않는 동호회 강습이나 개인강습은 반대하고 있다. 안전상의 문제가 크다고 하지만, 영업상의 문제도 크다고 볼 수 있으며, 매년 스키장에서 이와 관련된 실랑이는 계속되고 있다. 이에 스키강습에 있어 무자격이자 안전에 대한 인식이 없다면 당연히 반대해야 한다고 본다. 그렇다면 k-스포츠앱을 통한 지도자 등급인 5등급 이상의 사람들이 강습을 한다면 어떻겠는가? 이제는 영업상의 문제가 남았다.

k-스포츠앱의 강습과 관련 된 비용처리는 앱에서만 이루어진다. 현장에서 현금이나 다른 것들을 통해서 거래가 된다면 패널티가 적용된다. 그리고 이전에 원천적으로 강습이 이루어지지 않게 설정되어 있다. 그 비용은 강습을 이용하는 사람에게 받아 k-스포츠앱에서 지도자에게 수수료를 제외하고 사이버머니(예를들어 카카오페

이, 네이버머니 등)를 강습 전에 지불하게 된다. 그래서 숙박앱처럼 환불이나 취소와 관련 된 것들은 규정에 따라 처리되며, 수수료에는 스키장처럼 모든 체육시설업자에게도 지불하게 된다.

이는 강습을 하는 지도자, 시설이나 장소를 렌트해주는 체육시설업자 모두에게 돌아가기 때문에 정착이 되면 위에 스키장 사례들은 점차 없어지게 될 것이다.

그리고 강습비를 지불하는 이용자들은 등급에 따라 강습비를 차등으로 줄 수 있다. 만약 스키 오전강습을 받고 싶다면, 5등급 15만원~20만원, 4등급 20만원~25만원[2]처럼 가격을 선택할 수 있게 될 것이며, 지도자와 이용자들이 원하는 가격이 선정이 되면 강습이 진행된다. 여기에 지도자는 이용자가 낸 금액을 다 받는 것이 아닌 체육시설업자와 k-스포츠앱 수수료를 제외하고 받게 된다. 만약 체육시설업을 하는 지도자면 시설에 대한 렌트비도 받게 된다.

k-스포츠앱에서는 강습비가 최소한의 금액과 최대한의 금액만 정해주고 나머지는 지도자가 강습비를 책정을 할 수 있는 자유가 허락된다. 이는 자본주의 사회에서 스포츠 강습은 서비스로 이에 대한 가격 결정권은 이를 제공하는 사람에게 우선시 되는 것이고, 이를 받아들이는 것은 시장에 맡겨야 하기 때문이다. 음식배달앱이나 숙박앱처럼 자신들이 내놓은 재화나 서비스의 가격이 다양하고 이를 선택하는 이용자도 가격에 따른 만족도가 다를 수 있기 때문에 이는 스포츠 시장에 맡기고 k-스포츠앱은 이를 관리, 운영을

---

2) 이 금액은 예로 한 것이지 정해진 금액은 아님.

하기만 한다.

이러한 상황들은 체육시설업 운영자가 유리할 수밖에 없지만, 다시 말하지만 이것은 그들의 투자에 대한 최소한의 보상이다. 우리가 헬스클럽에서 pt를 하면 보통 지도자가 운영자가 아닌 소속 트레이너인 경우에는 헬스클럽 운영자에게 계약에 따라 강습비를 때어주고 본인이 가지고 가는 것처럼 k-스포츠앱에서는 오픈되어 있는 모든 스포츠 종목에 적용된다.

여기에 체육시설업 운영자가 지도자 등급을 갖추지 못했다면 능력 있는 k-스포츠앱의 등급의 지도자를 고용해서 운영하면 된다. 이는 운영자와 지도자 서로가 상생하는 것으로, 서로가 부족한 부분을 서로 채워가면서 이익을 얻을 수 있게 되는 것이다.

즉, 체육시설업 운영자는 지도자에 대한 갈증(지도자의 능력, 인성 등)을 풀 수 있으며, 지도자는 능력에 따라 구직활동에 대한 용이성과 전국적으로도 왕성하게 활동을 할 수 있게 된다. 이는 새로운 스포츠분야에 구인구직 체계인 것으로 정규직과 정년보장이 잘 안 되고 있는 체육관련 직업에 많은 도움과 보완이 될 것으로 판단된다.

지금까지 설명한 것에 질문이 있을 것이다. 그 중 하나가 지도자 등업에 관련된 것이라고 본다. 왜냐면 등급에 따라 강습비가 올라갈 수 있기 때문이다. 그렇지만 등급에 따라 많이 받을 수 있고 적게 받을 수 있다. 이는 지도자의 마음이다. 하지만 여러 문제들이 발생할 수 있어 최소한의 가격과 최대한의 가격들만 현실에 맞게 설정 해 놓고 그 구간에서 자유롭게 지도자와 이용자가 선택할 수 있게 할 것이다. k-스포츠앱은 다른 모바일앱처럼 강습비의 구간(10만원대, 20만원대, 30만원대)들만 잘 나열하여 볼 수 있게 하여 운영하고자 하며, 이는 후에 스포츠 종목들의 시장경제 논리에 따라 정해질 것이다.

그리고 강습시간에 따른 강습비도 위와 같은 방식으로 나열하게 될 것이다. 이용자가 강습 받을 종목과 강습 받고자 하는 시간을 선택하면 그에 따른 강습비를 볼 수 있게 된다. 종목의 특성에 따라 다르겠지만, 보통 1시간하는 경우가 제일 빈번할 것으로 예상된다. 그렇지만 스포츠종목별로 원포인트 강습을 받고자 하는 경우도 있어 이에 대한 구역을 설정하여 선택할 수 있게 할 것이다.

지금까지의 강습은 일대일인 경우로만 설명하였지만, 스포츠 종목의 특성이나 상황에 따라 1대2부터 시작해서 1대 10까지 강습을 할 수 있고 받을 수도 있다. 이에 따른 강습비는 엔분의 일(1/N)로 지불하고 받게 된다.

지금까지는 지도자들의 구인구직에 대하여 이야기 했다면 이제부터는 스포츠 심판에 대해 설명하고자 한다. 심판은 스포츠에서 매우 중요한 위치에 있으며, 이에 따른 정확하고 공정한 판정을 내려야 하는 역할과 책임이 있다.

k-스포츠앱은 지도자들을 1단계부터 5단계로 구분하여 운영하듯이 심판 또한 그러하다. 특히 우리나라의 상임심판제도[3]는 주석에

---

3) 대한체육회는 2014년부터 상임심판제도를 도입해 운영하고 있다. 심판 활동 여건 개선을 통한 심판 직위의 독립성 및 전문성을 확보하고 심판 자질, 역량을 강화해 투명한 스포츠 환경을 조성한다는 데에 목적이 있다. 현재 농구, 럭비, 레슬링, 배구, 배드민턴, 복싱, 빙상, 소프트

내용처럼 공정한 스포츠 환경을 조성하는 목적에 부합할 수 있도록 심판의 자격 및 역량을 엄격히 규정하여 운영하고 있다. 그렇지만 상임심판은 우리나라의 모든 스포츠 종목에 적용되는 것이 아니며, 실시하고 있는 종목들 중에서도 심판 인원에 대한 충원이 절실할 실정이다.

스포츠에서 심판의 활동은 당연하지만, 생활스포츠 대회나 그에 상응하는 수준의 스포츠 경기에서는 크게 중요하게 생각하지 않는다. 그리고 정식으로 심판을 통하여 경기가 진행하더라도 심판의 자격과 역량이 못 미치는 경우가 허다하며, 생활스포츠를 즐기는 많은 사람들 또한 심판을 생각하는 인식에서도 별반 차이가 없다. 이는 스포츠에서 심판의 위치가 갈수록 줄어들게 하는 것은 물론 전반적인 스포츠 성장과 발전에도 도움이 되지 않게 된다.

따라서 k-스포츠앱은 심판 등록이 되려면, 그에 따른 자격과 역량을 갖추고 있어야 하며, 스포츠 지도자의 활동처럼 등급에 따라 평점과 리뷰가 합쳐서 등급이 올라가기도 하고, 내려가기도 한다. 간혹 스포츠 경기에서 진 이용자나 팀들에서 경기와 심판에 대한 평점과 리뷰를 악의적인 목적으로 제출하게 된다면 이에 대한 조사의 과정을 거치게 하여 최소한의 심판에 대한 인권과 권위를 보호하는 장치를 마련하고자 한다.

테니스, 스쿼시, 아이스하키, 역도, 우슈, 유도, 태권도, 테니스, 펜싱, 하키, 핸드볼, 스키 등 19종목에서 상임심판제도를 운영하고 있다. 배드민턴은 2018년부터 상임심판제도를 도입해 현재에 이르고 있다. 상임심판은 국제심판 또는 국내 1급 이상의 자격을 보유한 경력 4년 이상, 등록된 팀과 연관이 없어야한다는 엄격한 기준으로 선발된 자원이다(스포츠동아, 2020.12.03.).

즉 경기와 심판에 대한 이의 신청은 공식적인 절차에 따라 진행할 것이며, 이 과정은 현재 각 스포츠종목에서의 경기 규정에 따라 운영될 것이다. 반면 심판의 공정하고 투명하지 않는 경기 운영방식과 판정은 그에 상응하는 패널티를 적용하여 스포츠 경기를 서로가 신뢰할 수 있는 환경으로 최대한 만들 수 있도록 할 것이다. 그러기 위해서는 심판에 대한 활동들이 자유롭고 전문적이면서, 공정한 경기를 운영할 수 있는 환경을 먼저 만들어 줘야 하며, 그 역할과 책임은 k-스포츠앱을 통해서 달성하고자 한다.

이에 이러한 상황들이 정착되려면, 스포츠에서 심판활동의 자율성과 경제성을 보장해주는 스포츠 플랫폼이 절실하다고 볼 수 있으며 k-스포츠앱이 이를 만족시키고자 한다.

하지만 스포츠 심판 플랫폼이 형성되었다고 모든 것이 끝난 것이 아니라 앞으로 넘어야 할 산들이 많다. 전국 규모의 엘리트 스포츠 대회에서의 심판선정과 운영은 그 대회의 연맹이나 협회의 심판장과 운영진, 그리고 임원들의 고유한 권한이다. 따라서 엘리트 스포츠 대회에서의 심판들의 활동은 한동안 k-스포츠앱에서는 제한될 수밖에 없다.

그리고 생활스포츠 대회에서도 심판들을 활동들은 심판 자체 인원의 부족현상과 각 대회 예산들의 어려움과 문제들이 함께 존재하기 때문에 이에 대한 해결방안도 모색되어야 한다. 이에 k-스포츠앱은 점차 스포츠 선진국으로 전환되면 될수록 심판의 인식변화와 함께 심판들의 활동들이 더 활발하게 이루어질 것으로 예상되므로 제대로 된 심판플랫폼을 만들고 일반국민들의 인식변화에 앞장 서고자한다.

여기에 많은 은퇴선수들이나 체육계열 전공자, 그리고 스포츠 심판에 관심이 있거나 자격을 갖춘 많은 국민들이 k-스포츠앱의 심판환경을 발전시키는 원동력이 될 것이다. 나아가 생활스포츠 대회에서의 왕성한 심판활동들을 통하여 일반 엘리트스포츠대회 심판으로 연결될 수 있는 통로가 자연스럽게 형성되면서 엘리트 스포츠와 생활스포츠 대회에서의 명실상부한 심판 플랫폼을 만들어가고자 한다.

그렇다면 지도자, 심판들이 등업을 하고자 한다면 무엇을 해야 하는가? 당연히 질 높은 강습과 심판을 하여 평점이나 리뷰를 많이 만들면서 강습 및 심판 횟수가 많아지면 본인의 등급은 계속 올라가게 될 것이다. 그리고 자격증에 준하는 선수경력만 가지고 있는 상황에서 자격증을 취득하면 심사를 거쳐 위에 조건들을 따져 등업이 될 것이며, 이와 같이 자격증 및 심판 등급이 올라가면 그에 따른 등업을 할 수 있는 계기가 될 것이다.

이와 더불어 국내 수준의 대회에 입상하거나 그와 비슷한 업적, 상을 받아도 등업을 할 수 있게 된다. 이에 대한 심사는 각 스포츠종목 별로 규정에 맞게 지속적으로 엄격하게 진행된다. 이는 당연히 지도자 및 심판 등급이 높을수록 그에 따른 이용자의 선택을 더 받을 수 있기 때문이다.

이상 k-스포츠앱은 체육인들에게 새로운 시대에 지속가능한 일자리를 제공하게 될 것이다. 특히 여러 이유로 은퇴하는 선수들과 체육시설업, 체육계열 전공자, 생활체육인, 그리고 스포츠를 사랑

하는 모든 국민들에게 기회를 제공한다. 은퇴한 선수가 지도자나 심판으로써의 제 2인생을 살려고 해도 작금의 체육지도자 및 심판의 자리는 한계가 있기 때문에 모든 선수들에게 주어지지 않는다. 그리고 대다수의 선수들은 은퇴 후 인생에 대하여 제대로 준비되지 못한 채 사회에 나오는 것이 현실이다.

이러한 상황에서 많은 은퇴한 선수들이나 현직에 있는 선수들에게 재능기부 차원으로 스포츠 무료 강습 및 심판을 강요한다. 다만 팀에서 사회공헌 차원으로 행해지는 것은 예외가 될 수 있지만, 자본주의 사회에서 이처럼 가혹한 현실이 어디 있는가? 본인의 의지가 아닌 타인과 사회에 의지로 행해지는 것들은 이제 지양되어야 할 것이며, 이제 스포츠에서도 제값을 주어야 하는 시기가 왔다고 본다. 유독 예체능 계열에서 스포츠쪽이 이러한 현실에 더 직면해 있다고 본다. 이는 자본주의 사회에서 스포츠의 성장과 발전에 좋지 않는 영향을 주고 있다고 판단된다.

제 5장 스포츠플랫폼의 특성

코로나-19시대에서 포스트코로나 시대나 아니면 바이러스와 같이 살아가야 하는 시대에서는 언택트[4](untact)시대의 삶이 이어지게 될 것이다. 이에 이와 관련된 생활들이 우리의 삶 깊게 파고들고 있다. 스포츠도 예외는 아니며, 많은 어려움을 겪고 있다. 그래도 우리는 직접관람을 못하더라도 프로스포츠리그를 본다. 이는 곧 경기를 위하여 선수, 지도자, 이와 관련된 관계자(팀, 방송, 협회나 연맹 등)들은 비대면이 아닌 대면을 하고 있다는 것이다. 그렇지만 감영병을 위하여 최소한의 인력들과 방역지침을 지키면서 운영되고 있다.

이러한 상황들이 지속되면서 비대면을 통한 스포츠들이나 미니멀 스포츠로 전환되는 과정으로 함께 그 가능성이 커지고 있다. 이는 스포츠도 코로나-19로 인하여 많은 변화의 과정을 겪어야 하는 동시에 생존의 갈림길에 서 있다는 것이다.

이에 k-스포츠앱은 스포츠의 특성과 작금의 현실을 반영한 스포츠 플랫폼을 만들어가고자 한다. 여기서 플랫폼(platform)의 사전

---

4) 사람과 사람이 직접 접촉하지 않음을 뜻하는 조어. 서비스나 상품의 제공 과정에서 무인기술이나 인공지능, 로봇배송과 같은 첨단 기술과 기기가 개입하여 직접적인 대면이 없이 재화와 서비스가 제공되는 상황이나 그런 사회적 트렌드를 가리키는 용어로 사용된다. 2017년 처음 발표된 이후 2020년 코로나바이러스감염증-19 사태를 맞아 주목을 받았다(다음 백과사전, 2020).

적 의미는 비즈니스에서 여러 사용자 또는 조직 간에 관계를 형성하고 비즈니스적인 거래를 형성할 수 있는 정보 시스템 환경. 자신의 시스템을 개방하여 개인, 기업 할 것 없이 모두가 참여하여 원하는 일을 자유롭게 할 수 있도록 환경을 구축하여 플랫폼 참여자들 모두에게 새로운 가치와 혜택을 제공해줄 수 있는 시스템을 의미한다(다음 백과사전, 2020). 따라서 스포츠 플랫폼인 k-스포츠앱은 스포츠를 보고, 즐기고, 행하는 모든 이들에게 새로운 가치와 혜택을 제공하는 시스템의 특성을 지니고 있다.

그래서 k-스포츠앱은 여러 특성을 내포하고 있으며, 가장 큰 핵심은 스포츠플랫폼이라는 것이다. 생활스포츠를 원하는 시간, 장소(시설), 강습, 심판을 연결해주는 것으로 체육계에 종사하는 많은 이들에게는 체육지도자로써의 새로운 형태의 직업 창출로, 체육시설업 운영자에게는 K-스포츠앱을 통한 홍보 및 마케팅을 집중하여 시설운영에 따른 이익창출을 할 수 있게 해 준다.

여기서 민간이 운영하는 체육시설업뿐만 아니라 공공체육시설 또한 K-스포츠앱이 활성화되면 정해진 시간에 체육시설들을 규정에 따라 이용할 수 있게 될 것이다. 이는 작금의 특정 동호회 선정과 횡포에서 투명하고 공정하게 체육시설을 이용할 수 있게 하는 순기능적인 역할을 하게 되는 것이다. 다만 체육시설 안전과 관리적인 부분에서 여러 문제가 발생할 수 있기 때문에 이에 따른 보완책으로 평점 및 리뷰를 모든 이용자가 의무적으로 제출하게 된다.

그리고 모든 국민들에게는 질 높은 스포츠 서비스를 자신의 등급(6등급~15등급)에 따라 강습과 스포츠를 용이하게 이용할 수 있게 된다. 여기서 자신의 등급끼리만 스포츠를 즐기는 것이 아닌 다른 등급하고도 스포츠를 즐길 수 있으며, 등급이 다른 이용자들끼리 스포츠를 하고 그 결과에 따른 등급관리에서는 낮은 등급의 이용자가 승리를 한다면 더 많은 포인트가 쌓이게 될 것이다.

나아가 6등급부터 15등급에 있는 이용자가 국가공인의 지도자 자격증을 취득하면 그 종목에 5등급으로 등급이 올라가 체육지도자로서의 강습을 할 수 있게 된다. 이는 지도자단계와 같이 적용되며, 반드시 체육계열이나 선수 출신이 아니어도 일반 국민 모두가 국가공인의 자격과 실력이 된다면 현재 체육관련 공인 자격증을 취득할 수 있듯이 K-스포츠앱 또한 그러하다.

현재 스포츠 종목의 특성상 개인스포츠와 단체스포츠를 구분할 수 있으며, 다시 나와의 경쟁과 타인과의 경쟁 스포츠를 구분하여 K-스포츠앱을 이용할 수 있다. 걷기운동, 등산 등과 같은 개인운동이면서 나와의 경쟁스포츠는 혼자서도 이용할 수 있으며, 다른 동반자와 같이 연결되어 k-스포츠앱을 이용 할 수 있다. 이러한 상황들은 따로 스포츠 동호회 활동을 자유롭게 할 수 있는 계기가 될 것이다.

그리고 본인의 기록에 따라 등급이 관리되며, 포인트를 쌓는 재미와 함께 K-스포츠앱을 통하여 사이버머니로 전환하여 사용할 수도 있다. 사이버머니로 강습과 체육시설이용료를 낼 수 있으며, 스포츠 관련 재화나 여러 다양한 서비스를 이용 및 사용할 수도 있다. 다만 타인과의 경쟁스포츠에 비해 포인트가 적게 쌓이는 특성은 있지만, K-스포츠앱을 통하여 본인의 데이터와 더불어 건강이 관리되면서 스포츠를 더욱 재미있게 즐길 수 있게 될 것이다.

타인과의 경쟁스포츠는 등급이나 다른 등급에 있는 이용자와 스포츠를 행하기 때문에 무형적(형태가 없음), 비분리적(자신이 원하는 시간과 장소, 실력에 따라 연결이 되어야 경기를 할 수 있음), 소멸적(재화가 아니기 때문에 저장이 불가)인 특성이 있지만, K-스포츠앱이 활성화되면 충분히 이러한 특성들은 보완 될 것이다.

이상 K-스포츠앱의 특성을 크게 요약하면 스포츠 서비스에 대한 이용의 편리성과 스포츠를 통한 직업 및 이익 창출의 경제성 등이다. 다만 지도자의 강습 능력이나 상황에 따라 스포츠 내용과 질이 다를 수밖에 없는 이질적인 특성은 있으며, 불특정한 사람들과 스포츠를 즐기면서 형성될 수 있는 안전적인 문제들도 존재한다. 이에 이러한 상황들을 보완하여 안전하고 재미있게 즐기는 스포츠 환경을 만들기 위하여 모든 스포츠 이용자들이 평점 및 리뷰를 의무적으로 제출하게 하여 전반적인 등급 관리와 함께 안전한 K-스포츠앱으로 운영되는 특성을 지닌다.

제 6장 스포츠플랫폼의 의미와 가치

스포츠는 우리사회에서 많은 의미와 가치를 지니고 있다. 이는 스포츠가 우리 사회전반에 여러 다양한 기능을 수행하고 가치가 있기 때문이다. 스포츠 기능과 가치는 신체적, 생리적, 심리적, 사회문화적으로 형성되어 있다. k-스포츠앱 또한 이러한 스포츠의 본질과 사회적인 의미와 가치에 대하여 인문학적으로 접근하고 사유하고자 하였다.

스포츠의 주체가 인간이듯이 k-스포츠앱 또한 그러하다. 인간이 자본의 논리에 따라 인간의 가치가 소멸되어 간다면 k-스포츠앱의 존립에도 영향을 미치게 된다. 나아가 스포츠와 인간사회의 양적인 성장은 존재할지언정 질적인 발전은 그리 크지 않게 될 것이다.

이렇듯 스포츠와 자본은 불가분의 관계라고 볼 수 있다. 스포츠 대회나 리그는 얼마나 많은 자본이 투입되었느냐에 따라 성공의 척도가 되고 있으며, 돈의 흐름에 따라 스포츠의 흥망성쇠(興亡盛衰)가 결정되기도 한다.

우리나라의 스포츠는 자생적인 힘보다는 모기업이나 지자체, 그리고 기업들의 협찬으로 운영되다 보니 이들의 도움이 잘 이루어지지 않는다면, 인기 있는 프로구단도 해체되는 것을 마냥 지켜보게 된다. 여기에 속한 선수, 지도자, 관계자들은 모두다 인간이다. 인간이 먼저가 아니고 돈이 먼저이기 때문에 이런 일들은 앞으로

도 계속 발생하게 될 것이다.

이에 k-스포츠앱은 돈이 먼저가 아닌 인간이 우선시 되는 인문학적으로 운영하고자 한다. k-스포츠앱의 시스템상에서 스포츠 종목에 따라 등급은 사회 계층에 대한 등위가 아닌 스포츠의 오락적인 기능을 앱을 통하여 구현하고자 한 것이다. 우리는 보통 온라인을 게임을 하면서 인간이 아닌 캐릭터를 통해서 욕구충족, 스트레스해소, 대리만족 하는 경우가 있다. 그렇지만 게임을 멈추고 현실로 돌아오면 많은 괴리가 생기게 된다. 그래서 자신의 건강을 유지하고 증진시키면서 그에 따른 포인트로 등급이 올라가기도 하고 그 포인트로 사이버 머니로 전환하여 강습과 스포츠관련 재화와 서비스를 받을 수 있도록 할 것이다. 인간이 먼저 건강해지고 재미있는 삶이 선행되면 그에 따른 보상이 이루어지는 것이 k-스포츠앱의 하나의 기능이라고 할 수 있다.

k-스포츠앱은 이를 현실에서 직접 체험하고 그에 따른 등급을 받게 된다. 여기에는 스포츠의 특성상 실력차이가 너무 크면 재미가 반감되듯이 비슷한 실력끼리 예측불허 경기를 펼치게 하여 더욱 스포츠의 경기적인 측면과 놀이적인 측면을 강조하고자 한다. 다시 이야기하자면 반드시 같은 등급끼리만 이용할 수 있는 것이 아니며, 다른 등급끼리도 충분히 이용할 수 있게 설정되어 있어 언더독(underdog)5)의 반란 같은 재미도 만들어지게 할 것이다. 나아가 전국의 숨은 체육고수들이 k-스포츠앱을 통하여 도장깨기6)가

---

5) 스포츠에서 우승이나 이길 확률이 적은 팀이나 선수를 일컫는 말이다 (위키백과사전, 2020).

자연스럽게 형성될 것으로 본다. 그리고 이에 대한 관심과 인기 있는 경기는 다양한 방식으로 일반대중들에게 전달될 수 있도록 할 것이며, 여기에는 경기하는 것을 직접 LIVE 방식으로 전달하면서 k-스포츠앱을 이용하는 모든 사람들에게 다양한 볼거리를 제공하고자 한다.

그리고 k-스포츠앱이 우리사회에서 어느 정도 자리매김한다면 전반적으로 우리나라의 스포츠의 인구, 이용횟수, 실력 등의 여러 다양한 데이터들이 형성되어 앞으로의 스포츠 정책이나 스포츠의 성장과 발전에 많은 도움이 될 수 있을 것으로 예상된다. 여기에는 자본의 논리가 아닌 인간이 먼저인 정책, 법, 제도, 산업 등을 위한 철학과 비전의 가치를 실현하고자 한다.

또한 공공체육시설과 민간체육시설을 모두 공정하고 투명하게 이용할 수 있는 역할과 책임을 k-스포츠앱을 통하여 실현하고자 한다. 특히 공공체육시설에 특정 몇 명이나 동호회가 아닌 모든 사람들이 본인들의 원하는 시간과 체육시설들을 최대한 규정에 맞게 이용할 수 있도록 할 것이며, 민간 체육시설업 운영자에게도 시장경제 체제에 따라 금전적 보상이 제대로 이루어지게끔 될 것이다.

그리고 강습 또한 본인이 안전하고 질 높은 서비스를 하거나 받게 하기 위해서 규정에 따라 공정하고 깨끗한 스포츠 환경을 만들고자 한다.

체육인들 포함 모든 국민들이 스포츠 자체를 즐기고 건강한 삶

---

6) 유명한 도장을 찾아가 그곳의 실력자들을 꺾는 것처럼, 특정 분야에서 어려운 장벽이나 기록 따위를 넘는 일(다음 한국어 사전, 2021).

을 살 수 있도록 사회문화적인 풍토를 조성하는 것은 작은 것부터 시작되어 변화된다. k-스포츠앱은 이러한 환경을 만드는데 작은 밑거름이 되고자 하며, 그 중심에는 인간이 중심이다.

우리사회에 어떤 사건이나 일들이 생겨 이슈화되고 기사화되면 자연스럽게 공론화 과정을 거쳐 법과 제도들이 형성된다. 그런데 많은 법들이 좋지 않은 일들을 통하여 강제성을 띈 법을 만들어 사회의 발전을 꾀하고자 한다.

최근 체육계에서는 좋지 않는 사건과 일들이 발생하였다. 그때마다 체육관련 법과 제도들의 필요성을 이야기하면서 이슈화되고 공론화 되었다. 항상 재발방지를 위한 노력들을 하고 있다고 하지만 체육계에서는 매번 반복되고 있는 상황이다. k-스포츠앱은 법과 제도가 아니지만 우리나라 스포츠를 건전하고 선진화된 사회문화적 풍토를 만들고자 노력 할 것이며, 기존의 스포츠가 아닌 전혀 다른 패러다임으로 전환하여 스포츠가 우리사회에 지속적으로 긍정적인 영향을 주도록 하겠다.

이상 k-스포츠앱은 신체적, 생리적, 심리적, 사회문화적인 가치들이 잘 구현될 수 있도록 하며, 그 중심에 자본의 논리가 아닌 인간이 먼저가 될 수 있도록 철학과 비전을 가지고 운영 될 것이다.

제 7장 스포츠플랫폼의 파급효과

k-스포츠앱은 사회문화적, 정치경제적 파급효과가 있을 것이다. 일반 국민들은 이제 k-스포츠앱인 스포츠플랫폼을 통하여 스포츠를 소비하게 될 것이며, 삶의 일부가 될 것이다. 음식배달앱, 숙박앱, 택시 및 대리운전 연결앱, 부동산앱 등 많은 앱들은 현재 처음 사용할 때의 어색함과 기피현상, 그리고 기존의 산업들에 의한 마찰들은 거의 없어지고 있으며, 더욱 우리 삶속에 녹아들고 있다.

스포츠관련 앱들도 이러한 상황들에 직면해 있지만, 스포츠 경기 중계를 통한 시청이나 경기 결과들의 관련 앱, 그리고 스포츠게임 앱들이 주를 이루고 있다. 즉 스포츠를 직접 행하거나 경제적인 파급효과를 지속적으로 가져올 스포츠 플랫폼은 아직 제대로 형성되지 않은 실정이다.

이에 k-스포츠앱은 우리사회에서 스포츠를 대중문화적으로 연결하는 플랫폼의 역학과 책임을 충분히 만족시키고자 한다. 스포츠를 즐기는 많은 사람들이 보는 스포츠로 끝나는 것이 아닌 k-스포츠를 통해 직접 스포츠를 행하면서 건강과 삶의 질적 향상에 도움이 되고자 한다.

스포츠를 원하는 시간, 장소(시설), 강습, 심판 등을 이용하고 경기할 수 것은 작금의 우리사회에서는 쉽지가 않다. 매일 스포츠를 즐기는 사람들 또한 위에 상황에서 완전히 자유롭지 못하다. 그렇지만 새로운 스포츠 서비스를 지속적으로 받고 싶은 것 또한 모든 사람들에게는 존재한다. 이러한 개인적, 사회적인 요구들을 k-스포츠앱을 통하여 모든 이용자들이 만족하고 더 큰 만족을 위해 서로가 성장하고 발전할 수 있는 스포츠 플랫폼이 필요하다. 이는 스포츠 강국에서 스포츠 선진국으로 전환되는 현 상황에서 이제는 형성될 수밖에 없는 위치에 직면해 있다고 볼 수 있다.

이를 사회문화적 이상적인 파급효과라고 볼 수 있으며, k-스포츠앱의 통한 구체적인 사항은 이러하다. k-스포츠앱을 통하여 우리나라 전국 각지에서 스포츠를 할 수 있으며, 특정시간에도 스포츠를 할 수 있게 된다. 이를테면 야간에 여가 선용하는 이용자들에게 그에 따른 체육시설업 운영자들의 차별화와 특성화 전략에 맞게 이들의 수요를 공급해 줄 것이다.

그리고 질 높은 강습을 원하는 장소에서도 할 수 있게 되면서 전반적으로 체육시설업이 공유시스템으로 전환되어 상생의 길을 가게 될 것이다. 예를 들면 이용자가 다니는 헬스클럽에 소속된 강사가 아닌 평점과 리뷰가 좋은 강사를 k-스포츠앱으로 연결되어 본인의 헬스클럽에서 강습을 받거나, 그 강사가 근무하는 헬스클럽으로 이동하여 강습을 받을 수 있게 될 것이다. 이러한 상황들은 스포츠 공유시스템으로 자연스럽게 발전하게 될 것이며, 체육시설업 운영자에게는 이에 따른 시설 이용료를 지급받게 될 것이다.

k-스포츠앱은 전국 각지에 있는 스포츠의 숨은 고수들과도 연결되어 스포츠 경기를 할 수 있게 된다. 특히 유명한 선수출신들이나 지도자들의 경기들은 많은 관심들을 불러일으키기 때문에 이에 대

한 사회문화적인 효과들을 극대화될 것이다. 여기에는 사회관계망 서비스 등을 이용하여 스포츠 경기나 강습들을 올리거나 송출하면서 스포츠의 대중문화적인 역할과 책임을 하게 될 것이다.

k-스포츠앱은 이와 동시에 경제적 파급효과 또한 형성될 것이다. 강습과 심판, 그리고 스포츠관련 재화들의 판매와 그 연결들은 스포츠 산업구조들을 변화시키면서 경제적 효과 또한 향상시킬 것이다. 강습과 심판에 관한 이야기들은 앞에서 설명하였기 때문에 스포츠관련 재화들의 판매와 연결에 대하여 이야기 하면 다음과 같다.

우리는 많은 쇼핑앱이나 중고앱등을 통하여 재화들을 사고판다. 스포츠 관련 재화들 또한 이러한 인터넷 사이트, 홈쇼핑, 앱 등을 통하여 이루어지고 있으며, 최근에는 앱을 통한 거래가 더 일상화 되고 있는 상황이다. 특히 인스타그램이나 다른 사회관계망서비스를 통한 재화의 홍보 및 마케팅은 더욱 발전하고 있으며, 스포츠 재화 또한 그러하다.

이에 k-스포츠앱은 사회관계망서비스에서 이루어지고 있는 재화의 거래들을 스포츠관련 재화들만 한정하여 연결하고자 한다. 특히 스포츠 경기나 강습들이 동시다발적으로 24시간 내내 이루어지기 때문에 이와 더불어 스포츠관련 재화들의 전문적인 장터들도 필요할 수밖에 없으며, k-스포츠앱에서는 더욱 활성화 될 것으로 예상된다.

스포츠는 장비빨이라는 말이 있듯이 이를 사고 팔수 있는 스포츠 관련 재화들의 전문적인 공간형성에 있어 이제 k-스포츠앱을 통하여 편하게 이용할 수 있게 될 것이다. 즉, 자신이 관심 있는 스포츠 종목을 클릭하면 직접 스포츠 경기를 할 수도 있고, 관심이 있는 스포츠 경기를 볼 수도 있으며, 강습과 심판을 하거나 받을 수도 있으며, 나아가 스포츠 관련 재화들을 손쉽게 사거나 팔수도 있다.

그리고 k-스포츠앱에서는 많은 사람들이 관심이 있거나 인기 있는 스포츠 경기나 강습, 재화들의 장터를 통하여 스포츠의 복합적 산업 구조를 성장시키게 될 것이다. 작금의 개인방송의 인기는 많은 산업구조들을 변화시키고 있기 때문에 k-스포츠앱에서는 이를 위한 다양한 이벤트를 진행 할 것이다.

k-스포츠앱에 속한 유명한 스포츠스타나 지도자들의 경기나 강습은 많은 이들에게 그와 관련된 영상들이나 다른 어떤 것들을 지속적으로 보고 싶게 충동을 일으키게 할 것이다. 여기서 그 영상들은 많은 조회수를 올리게 되면서 개인적인 수익창출을 할 수 있는 여건들을 형성하게 될 것이다.

그래서 k-스포츠앱은 경제성이 있는 스포츠 경기나 다양한 볼거리에 대하여 기업이나 지자체, 그리고 많은 단체들에게 협찬을 받아 그 경기에 대한 원래 k-스포츠앱에서 경기에 따른 포인트 형성과는 별도로 상금과 여러 다양한 지원을 할 것이다. '

그리고 꼭 경제성이 있는 경기가 아니어도 이벤트 형식으로 여러 다양한 경기에 별도의 상금과 k-스포츠앱에서 주는 포인트를 더 많이 지급한다거나, 별도의 재화나 기업들의 협찬으로 받은 것들을 랜덤으로 주는 서비스를 진행할 것이다. 여기에는 자신과의 경쟁스포츠도 포함되며, k-스포츠앱의 모든 이용자들(지도자, 심판, 재화 판매자 등 모두 포함)에게 각자의 개인 기록 및 성과들에 대하여 다양한 혜택들을 줄 것이며, 이는 k-스포츠앱이 활성화되면 될수록 우리사회에서 스포츠를 통한 경제적 파급 효과 또한 향상될 것으로 판단된다.

제 8장 스포츠플랫폼의 유의할 점

k-스포츠앱의 이용에 따른 유의할 점은 스포츠맨십[7]의 바탕으로 이루어진다. 스포츠에서 공정함은 깨끗한 스포츠 환경을 만드는데 필수불가결한 요소이다. 그리고 스포츠에서 안전은 최우선 되어야 한다. 따라서 k-스포츠앱에서는 이러한 기본 본질과 함께 이에 따른 유의할 점들이 있다.

공정한 경쟁을 위해서는 그에 따른 규정과 원칙이 바로 서야 한다. k-스포츠앱에서 강습과 심판 활동은 시장경제원리에 따라 이루어지지만, 강습과 심판활동에 대한 최소한의 금액과 규정들이 형성되어 있다. 그리고 지도자와 심판 등급은 자격과 경험, 평점과 리뷰의 합에 따라 달라진다. 이는 지도자와 심판들의 공정한 경쟁을 위한 것이기도 하고, 안전을 위해서도 그러하다. 등급에 대한 기준과 관리는 k-스포츠앱의 시스템상으로 운영이 되며, 24시간 모니터링 하게 된다.

k-스포츠앱의 모든 이용자들은 공정한 경쟁과 윤리적인 측면을 위하여 약물복용, 승부조작, 불법도박 등과 연관이 있거나 이를 시도, 공모, 협조, 조장, 은폐, 연루 등을 한다면 철저한 조사를 통하여 징계처리가 된다.

따라서 이용자들이 등급을 올리기 위해서 승부조작을 한다거나

---

7) 운동 경기에서, 정정당당하고 공정하게 승부를 겨루는 정신(다음 한국어사전, 2020).

특정 지도자의 강습이나 심판 활동들을 여러 가지 이유나 악의적이면서 고의적으로 평점과 리뷰를 준다면 이 또한 조사를 통하여 징계처리 된다.

k-스포츠앱에서는 계정이 이용자 본인 하나만 사용가능하기 때문에 어떤 목적을 위해 신분을 위조하거나 본인과 다른 이용자 아이디를 해킹하여 활동하거나 개인정보 및 사생활 보호에 관하여 법률적으로 문제가 되는 경우에도 징계처리가 되며, 사법기관에 고발조치 하게 된다.

이러한 상황들은 k-스포츠앱에서 안전하고 깨끗한 스포츠 환경을 만들기 위한 최소한의 장치들이다. 다만 범죄는 갈수록 지능적이고 이를 예방하거나 방지하는 쪽은 항상 뒤쫓는 경우가 많기 때문에 이를 위한 노력들을 지속적으로 해야 한다. k-스포츠앱의 이용자들은 이러한 범죄나 혹시 모를 상황들에 대하여 미리 유의해야 하며, 평점과 리뷰 등의 상황들을 k-스포츠앱 이용 전에 꼼꼼히 살피도록 해야 한다.

그래서 k-스포츠앱의 이용자들에게 평점과 리뷰를 정확하게 올리는 것이 중요하다. 그리고 처음 강습, 심판, 경기를 k-스포츠앱에서 이용 후 여러 가지 이유로 앱을 통한 것이 아닌 개인적으로 이용하다가 생기는 문제들에 대해서는 전적으로 책임을 지지 않기 때문에 이점 또한 특히 유의해야 한다.

우리는 현금으로 계산하면 신용카드로 결제할 때보다 할인해서 계산을 해주는 경험을 자주한다. 세금이나 여러 가지 이유들 때문에 이러한 상황들이 형성되었지만, 여기에 안전에 큰 문제가 발생하거나 다른 문제들이 발생하는 경우는 드물게 발생한다. 하지만 k-스포츠앱을 통해서 한번만 이용을 하고 그 다음부터 개인적으로 거래를 하다보면 안전상의 문제가 발생할 수 있고, 이를 보호하고 예방할 수 없기 때문에 금액이나 다른 이유 등으로 k-스포츠앱이 아닌 개인적인 거래 등은 유의해야 한다.

그리고 상대방을 어떤 목적이나 악의적으로 비방하거나 좋은 평점과 리뷰를 강요받았을 때는 이에 대하여 바로 k-스포츠앱 신고 센터에 연락을 주면 이에 대한 조사를 거쳐 조치가 된다. 이상의 상황들에 대해서는 안전장치들이 계속해서 모색될 것이며, 이용자들은 k-스포츠앱에서 기본적으로 스포츠맨답게 행동을 한다면 공정하고 안전하게 스포츠를 즐길 수 있으며, 그게 바로 우리나라 스포츠 발전에도 많은 도움이 될 것이라고 판단된다.

제 3부 스포츠플랫폼의 인식

　지금까지 생소한 스포츠플랫폼과 이를 실현하기 위한 가칭 k-스포츠앱에 대하여 저자의 아이디어를 본질적으로 이야기하고자 하였다. 스포츠에서 낯설지만 어디선가 있을 것 같은 스포츠플랫폼이자 앱이라고 판단할 수 있다. 그렇지만 학문적으로 스포츠를 전공하고 연구하면서 현장과의 괴리를 줄이기 위하여 늘 스포츠 현장에서 보고, 듣고, 일하고, 연구하였다. 아직 스포츠에서 스포츠플랫폼이 시기상조일수 있다. 그리고 k-스포츠앱이 실행되지 않을 수도 있다. 이는 작금의 스포츠에 대한 이해와 인식이라고 생각한다. 그렇지만 세상은 늘 새롭게 변화하였고, 이제 스포츠도 그 시기가 도달했다고 판단된다. 이에 제3부에서는 스포츠플랫폼에 대한 이해와 인식의 변화를 위하여 기본적인 이야기와 대화법적인 Q&A를 통하여 논하고자 한다.

제1장 한국스포츠의 이해와 스포츠플랫폼

우리나라의 스포츠는 크게 엘리트 스포츠와 생활체육으로 구분 되어진다. 엘리트 스포츠는 우리가 흔히 운동선수라고 하는 표현하 는 것이며, 생활체육은 일반국민들이 체육활동에 참여하는 것으로 쉽게 이야기 할 수 있다.

즉, 엘리트 스포츠8)는 보통 어린 나이에 운동을 시작하여 학생 선수로 활동을 하다가 대학이나 실업팀으로 진학하거나 프로팀에 입단하여 선수생활을 이어가게 되는 전문체육을 말한다. 생활체 육9)은 88서울올림픽 이후 모든 국민들의 삶의 질 향상을 위한 모

---

8) 엘리트스포츠 (Elite Sport)란 정책적으로 특정 소수의 엘리트 선수들 에게만 집중적으로 투자를 하고 훈련을 시켜 국제대회 등에서 메달획 득의 가능성을 높이는 스포츠를 일컫는 용어이다. 이는 생활 체육 스 포츠를 말하는 풀뿌리 체육 (Grass Root Sport)과 상업주의에 입각한 프로페셔널 스포츠(Professional sport)와 구분되는 용어다. 대한민국 2007 체육백서에서는 특정 경기종목에 관한 활동과 사업을 목적으로 설립되고 대한체육회에 가맹된 법인 또는 단체인 경기단체에 등록된 선수들이 수행하는 운동경기 활동으로 정의하고 있다. 즉, 각급 학교의 경기종목별 운동부, 각 경기종목의 실업리그 등 전문적으로 운동경기 를 행하는 사람들의 스포츠 경기를 포괄하는 용어이다(위키백과, 2021).

9) 1988년 서울 올림픽 이후 일반 국민의 체육 활동 참여 열기 고조로 생활 체육 수요가 급증하였다. 산업 발달과 자동화 시대의 도래로 국 민 건강, 체력 약화, 퇴폐 향락 풍조 만연 등 사회 문제 해결의 대안이 자 사회 복지 정책의 중요 수단으로 생활 체육을 채택한 세계 각국의 경향에 공감하여 '보는 체육'[엘리트 체육]에서 '하는 체육'[생활 체육] 으로 체육 정책 전환의 필요성이 대두되었다. 이러한 배경에서 정부는

든 체육활동을 의미한다.

그리고 스포츠를 프로스포츠와 아마추어스포츠로 나누고 있다. 프로스포츠의 사전적 의미는 프로페셔널 스포츠(professional sports)로 아마추어 스포츠와 달리, 해당 종목의 운동선수가 운동 경기를 하여 돈을 벌고, 해당 스폰서나 스포츠 구단은 소속 운동선 수의 운동경기로 얻어지는 수익으로 영리를 얻는 등 상업적인 목 적으로 하는 스포츠이다. 약어로 프로 스포츠(pro sports)라고도 한다. 흥행률이 높아 경기장이나 체육관의 입장료 수익 및 방송으 로의 수익이 높은 인기종목들이 대상이 된다. 개인 경기로는 권투, 프로레슬링 등 일부 격투 경기가 주종을 이루며 골프, 피겨 스케이 팅도 있다. 단체 경기로는 축구, 야구, 농구 등 일부 구기가 주종 을 이루며 아이스하키 등도 있다. 투우와 같이 스페인 등 일부 나 라에서만 프로페셔널 스포츠인 종목도 있다(위키백과, 2023).

이와는 다르게 아마추어 스포츠(amateur sports)는 전문적이지 않으면서 건강 관리, 취미나 즐기기 위한 스포츠를 말한다. 라틴어 아마토렘(amatorem). 프랑스어 아마토르(amateur)에서 유래되었 으며 1839년 영국에서 열린 조정 대회에서 처음으로 사용되었다 (위키백과, 2023).

이렇듯 스포츠에서 프로와 아마추어의 큰 차이는 영리추구에 있

1990년 국민 생활 체육 진흥 종합 계획[일명 호돌이 계획]을 수립하였 다. 그리고 생활 체육 정책을 효율적으로 추진하기 위해 전국적으로 산재한 체육 동호인 클럽을 근간으로 생활 체육 추진 중심 단체인 국 민생활체육회를 결성하였다. 국민생활체육회는 체육의 가치와 혜택을 국민에게 보급·확산하는 등 정부의 생활 체육 추진 전략을 실행하는 기관으로서의 역할을 담당하였다(한국 향토문화 전자대전, 2021).

다. 그렇지만 우리사회에서는 프로와 아마추어의 차이를 능력, 실력 등과 연관시키고 다시 스포츠에 투영하여 순수한 아마추어 스포츠를 평가절하고 있으며, 스포츠를 취미나 즐기기 위해서 행해지는 자체에 대한 의미와 가치를 희석시키고 있다. 스포츠에서 경쟁적 우위에 있기 위해서는 당연히 그에 따른 실력이 필요하다. 그리고 그에 맞는 금전적으로 보상해주는 것이 자본주의 발달과 함께 스포츠를 발전시켰고, 프로스포츠를 강화시켰다.

프로스포츠인은 스포츠를 직업으로 하는 사람으로 자신의 가치에 맞는 연봉이나 금전적이 이익을 추구한다. 그래서 오랫동안 몸담은 팀도 라이벌 팀이지만 자신의 가치를 알아주면 옮긴다. 이러한 현상들이 만연해지면서 아마추어리즘은 퇴조시키고 상업주의 스포츠가 발전하게 되었다. 즉, 스포츠에서 순수함은 상업주의 매몰되어 프로화가 되지 않으며, 저급하거나 하위로 매도해버리는 사회적 풍토를 만들고 있다.

우리나라에는 프로화가 된 많은 스포츠 종목들이 있다. 이 종목들을 특징은 인기스포츠이다. 우리나라뿐만 아니라 전 세계적으로 인기 있는 스포츠가 프로리그를 형성하여 프로스포츠를 더욱 상업적으로 발전시키고 있다.

그렇다면 프로화가 되지 못한 우리나라의 스포츠 종목들은 모두 다 아무추어스포츠라고 할 수 있는가? 당연히 아니라고 할 수 있다. 우리나라 스포츠 국가대표 선수들은 프로리그에서 직접 뛰고 있는 선수들도 있는 반면에 그렇지 않은 선수들이 더 많다. 프로리그가 없는 종목들은 흔히 비인기 종목들이다. 비인기종목들은 당연히 상업적으로 자유롭지 못해 선수층도 얇고 그에 따른 처우도 그러하다. 그러기 때문에 인기종목에만 선수와 관계자들이 몰리는 쏠림 현상이 발생하고 이는 더더욱 스포츠 종목의 양극화를 만들어낸다. 그렇지만 실력적인 부분에서는 모든 스포츠 종목의 국가대표 선수들은 모두 프로스포츠인이다. 다시 말해 스포츠를 직업으로 금전적 이익을 추구하고 있으며, 프로리그만 없을 뿐 실업팀이나 지자체 소속의 선수로 살아가고 있기 때문에 프로스포츠인이다. 굳이 국가대표 수준의 선수가 아니어도 직업으로 선수생활을 하는 스포츠인은 프로스포츠인이라고 할 수 있다.

하지만 우리사회는 상업적으로 프로리그가 형성된 인기스포츠 종목의 선수들에게만 프로선수이고 나머지 선수들은 아무추어 선수라는 이분법적 사고방식으로 스포츠를 이해하고 인식한다. 이러한 사고는 우리나라 스포츠를 제대로 이해 못하게 한다. 이에 한국 스포츠에 대한 인식의 변화가 필요하다고 볼 수 있다. 이는 한번 만들어진 이미지와 인식은 쉽게 바뀌기 힘들기 때문이다. 이러한 상황들은 전반적인 스포츠 발전에도 나쁜 영향으로 작용한다. 예를 들면 공부 못하면 운동이나 하면 된다는 잘못된 인식들이다. 그래서 우리나라에서는 운동선수들에 대한 이해가 공부를 못해서 운동으로 진로를 선택한 것으로 인식하고 있다.

많은 연구들은 머리는 신체의 일부분이며, 계속 사용하면 할수록 좋아진다고 한다. 그러기 위해서는 신체의 움직임과 함께 운동이나 스포츠를 해야 한다고 하며, 이러한 연구 결과들은 이미 형성된 지 오래이다. 하지만 우리사회에서는 이러한 이론과 실험들은 한번 만들어진 잘못된 인식으로 인하여 쉽게 받아들여지지 않거나 배척한다. 건강해지려면 적당한 신체의 움직임과 운동을 하라고 의료인들도 이야기 한다. 그리고 성공한 기성세대들은 잉여 되는 시간들을 자신의 건강을 위해서 스포츠를 통해서 신체를 움직인다.

예전에 부의 상징은 뚱뚱함이었다. 우리나라가 못살고 배고플 때는 신체의 비대함이 잘 먹고 잘 산다는 인식으로 형성되었기 때문에 그러하다. 현재 우리나라는 잘 먹고 잘 살게 되면서 신체의 비대함이 역으로 부의 상징과는 멀어지게 되었다. 비만은 섭취에너지가 활동에너지보다 많을 때 생긴다. 즉, 먹는 것보단 신체의 움직임이 적으며, 우리 신체는 비만해진다. 그래서 이제는 돈을 들여가면서 살을 빼기 위해 노력한다. 왜냐면 비만이 하나의 질병으로 인정받고 있기 때문이며, 합병증을 유발하기도 하기 때문이다.

이러한 상황들에서 스포츠를 잘못된 이해들은 사회적 비용을 증가시킬 수밖에 없다. 그리고 스포츠를 신체의 건강함뿐만 아니라 정신적, 사회적으로도 건강하고 한다. 스포츠를 행하고 있는 많은 사람들에게 정신적인 문제들은 잘 발생하지 않고 있다. 반면에 사회적인 문제들은 운동선수들에게 자주 발생하고 한다. 이는 필드에서 팀스포츠인 경우에는 사회성이 잘 형성되지만, 사회와 단절된 스포츠세계에만 갇혀 있다가 사회와 소통하면서 여러 다양한 사건과 일들을 만들고 한다. 도핑, 승부조작, 반인권, 반윤리적인 상황들에 관한 이슈와 기삿거리들이 여기에 속한다고 볼 수 있다. 그래서 체육인들을 대상으로 예방적인 차원에서 교육이 행해지고 있으며, 도핑과 인권에 대해서는 의무화 교육이 진행되고 있다.

지금까지 우리나라스포츠에 대해서 간략하게 이해하고자 하였다. 더 많은 이해를 위해는 역사적, 철학적, 사회·문화적, 정치적, 경제적, 상업적 등으로 더 다양하게 다루어져야 하지만 이 내용들은 다음 후속되는 저서에서 소개하기도 하겠다.

이제 우리나라 스포츠에 대한 작은 이해를 바탕으로 스포츠플랫폼에 관하여 이야기 해보면서 인식의 변화를 도모하고자 한다. 스포츠플랫폼은 스포츠를 어느 정도 이해했으니 플랫폼을 이해해야 스포츠플랫폼에 대하여 이해가능하다고 할 수 있다.

이에 플랫폼은 기본적으로 통로라고 할 수 있으며, 플랫폼 기업들을 보면 더욱 이해가 쉽다. 따라서 플랫폼 기업에 대한 정의는 주로 모바일 앱이나 웹사이트, 프로그램 등을 통해 생산자와 소비자가 서로 원하는 가치를 거래할 수 있도록 매개하는 기업이다. 구글, 애플, 페이스북, 아마존 등이 대표적인 플랫폼 기업으로 분류된다. 배달 앱이나 차량공유 앱 서비스도 이에 속한다. 플랫폼 기업의 성공은 자신들의 생태계를 얼마나 활성화시키느냐에 달렸다. 무료 메신저 앱으로 시작한 카카오가 수많은 서비스를 제공하는 것처럼 생태계가 활성화되고 이용자가 많아지면 다양한 사업 모델을 접목할 수 있다(에듀윌 시사상식, 2022).

이렇듯 플랫폼 기업들이 스포츠를 모델로 하여 매개하는 사업을 한다면 본 저자의 아이디어가 통했다고 할 수 있다. 특히 우리나라의 네이버나 다음의 포털10)기능으로 성장한 기업들이 플랫폼의 새

---

10) 입구가 되는 사이트라는 뜻으로, 수많은 사이트를 특정한 분류에 따라 정리해 놓고 주소를 링크시켜서 사용자들이 원하는 곳을 쉽게 찾아

로운 사업모델에 있어 아직 스포츠를 담지 않고 있기 때문에 이제
는 이 기업들뿐만 아니라 다른 플랫폼 기업들에서 스포츠 플랫폼
에 대한 사업이 시작되어야 한다고 본다. 이는 우리나라도 이제 스
포츠 강국에서 스포츠 선진국으로 패러다임이 전환되면서 스포츠
를 건강유지뿐만 아니라 삶의 질 향상에도 영향을 미치고 있기 때
문이다.

우리나라에서 스포츠에 대한 이해와 인식이 변화면 변할수록 스
포츠 시장은 더 커질 것이며, 이에 따른 경제적, 사회적, 문화적으
로 파급효과가 나타날 것으로 판단된다. 이에 대한 전반적인 내용
들은 앞장에서 설명하였다. 그래도 스포츠플랫폼에 대하여 여러 다
양한 질문이 있을 것 같아 다음 장에서 현실적인 스포츠 플랫폼
Q&A를 다루겠다.

갈 수 있도록 만든 사이트를 이르는 말(다음 한국어사전, 2023).

제 2장 스포츠플랫폼에 대한 Q&A

　이번 장에서는 스포츠플랫폼에 대한 예상 질문이나 앞장에서 미처 다루지 못한 내용들을 Q&A의 대화법으로 전달하고자 한다.

Q :　스포츠플랫폼은 어디서 구현되는가요?

A :　현대사회에서 플랫폼은 쉽고 빠름을 추구하듯이 스포츠플랫폼은 당연히 모바일 앱을 통해서 운영될 것이다.

Q :　K-스포츠앱으로 가칭한 이유가 있는가요?

A :　한류가 전 세계적으로 각광을 받으면서 어느 순간 K를 붙여 이야기를 한다. K-스포츠도 하나의 영역으로 자리를 잡고 싶은 기대감에 K-스포츠라고 했으며, 모바일 앱을 통해서 운영 되다 보니 가칭을 K-스포츠앱이라고 하였다. 이 내용과　아이디어를 카카오에서 사서 운영을 한다면　K-스포츠라고 하면 될 것이며, 네이버가 운영한다면 N-스포츠라고 하면 될 것 같음. 여기서 N은 네이버를 약자이면서 국가의 (National)에 첫 자 N자를 의미하면서 중의적인 표현으로 우리나라 국가대표 스포츠앱이 되기도 한다. 그리고 스포츠플랫폼에 관심 있는 여러 다른 기업이나 기관에서 한다면 가칭은 변화 될 수 있다.

Q : K-스포츠앱을 운영 및 관리하는 회사가 카카오나 네이버를 우선시 하는 이유가 있는가요?

A : 카카오나 네이버는 빅테크 기업이다. 빅테크의 사전적 의미는 구글, 애플 등 플랫폼을 주도하는 대형 정보기술(IT) 기업을 뜻한다. 미국에서는 보통 빅테크로 가장 크고 지배적인 아마존, 애플, 구글(알파벳), 메타(페이스북), 마이크로소프트 등 5개 기업을 꼽는다. 이들을 테크 자이언츠tech giants), 빅파이브(big 5)라고도 한다. 우리나라에서는 네이버와 카카오 등 온라인 플랫폼 제공 사업을 핵심으로 하다가 금융시장까지 진출한 업체를 지칭하는 말로 주로 쓰인다(에듀윌 시사 상식, 2023). 이렇듯 카카오와 네이버는 플랫폼을 사업을 주도할 수 있는 우리나라의 빅테크 기업으로 경제적 관점으로 선도적인 지위를 형성하고 있기 때문에 스포츠 플랫폼을 운영하는데 장점이 더 많은 것으로 판단했기 때문이다. 특히 카카오는 전 국민이 다 쓰고 있는 카카오톡을 기반으로 현재까지 여러 다양한 사업을 만들어가고 있다. 이는 많은 데이터를 수집하고 있다는 매우 큰 장점으로 가지고 어떤 사업을 할 것인가를 선택만 하면 되는 상황에 이르렀기 때문에 카카오를 통해서 스포츠플랫폼을 운영하는 것이 좋다고 생각했다. 네이버도 카카오와 큰 차이가 없기 때문에 이 둘 기업에서 누가 먼저 스포츠플랫폼에 관심을 가지고 움직일 것인가가 관건이라고 할 수 있다.

Q : 그렇다면 다른 기업이나 누군가에게는 기회가 없는가요?

A : 당연히 그렇지 않다. 처음 카카오톡이 무료 메신저를 시작했을 때 지금처럼 카카오의 성공을 예측하지 못했다. 기업의 목적은 이익창출이지만 무료 서비스로 과연 이익형성이 될 것인가와 함께 얼마나 카카오톡을 사용하겠는가라는 의문을 동시에 지녔기 때문에 그 당시의 반응은 대체로 그랬다. 그렇지만 현재 카카오는 거대 공룡이 되어 기업 생태계를 다시 짜게 만들고 있다. 카카오의 시작에는 미래가 불투명했지만 현재는 우리나라를 대표하는 기업 중에 하나가 되었듯이 어떤 기업, 기관, 단체 등에서도 스포츠플랫폼을 통해서 새로운 세상을 만들어 갈 수 있다고 판단된다.

Q : K-스포츠앱은 경제적 효율성이 있는가?

A : 현재 음식배달 전문앱 중에 하나인 배달의 민족은 다른 경쟁사 보다 우위에 있다. 그만큼 배달의 민족이 가지고 있는 무엇인가가 있는 것이고 이를 매출과 이익을 창출해나가고 있는 것이다. 배달의 민족처럼 음식에 대한 플랫폼 역할을 하면서 수수료를 통해서 이익창출을 하듯이 K-스포츠앱은 스포츠플랫폼으로서 모든 연결에 대한 수수료가 무료부터 서비스의 양과 질에 따라 차등으로 부과가 되기 때문에 충분히 경제적으로 효율적이 있다고 판단된다.

Q : K-스포츠앱의 수수료 무료는 무엇인가?

A : 카카오톡의 메신저처럼 K-스포츠앱에서의 스포츠 경기 매칭은 무료로 진행된다. 경기 매칭에 관해서는 제 2부 K-스포츠앱의 이해와 이용에서부터 잘 나와 있으니 참고하면 된다. 일단은 K-스포츠앱은 기본적으로 1단계에서 15단계로 구성되어 있고, 가입을 하면 개인이 선택한 스포츠 종목에서 15단부터 시작하게 된다. 1단계에서 5단계까지는 지도자 단계이고, 일반 생활체육개념으로 최하는 15단계이고 최고는 6단계로 구성되어 있다. 그래서 스포츠 경기의 매칭 서비스는 6단계까지 이용가능하며, 수수료가 없는 무료이다. 그렇지만 5단계부터는 스포츠 강습 서비스가 되기 때문에 이에 대한 단계별 강습비에 대한 페이를 지불해야 하고, 이에 대한 수수료가 K-스포츠앱으로 전환되어 운영 및 관리비와 이익창출을 하게 된다.

Q : K-스포츠앱의 유료에 대해 더 설명해줄 수 있나요?

A : K-스포츠앱에서 유료는 1단계에서 5단계에 있는 지도자에게 강습을 받을 시 무료가 아닌 유료라는 것이며, 단계별로 금액도 차이가 있다. 여기에서 금액에 대한 차등은 K-스포츠앱의 시스템으로 하는 것이 아닌 기본적인 금액 상한금액과 하한금액만 정해주고 시장경제 논리에 맡기도록 할 것이다. 즉, 5단계 등급에 있는 지도자가 국가대표 선수 출신이지만 아직 등업이 되지 못하는 상황에 있다고 해서 5단계의 정해진 금액으로 받는 것이 아닌 상하한가에 범위 내에서

자유롭게 금액을 서로가(강습의 서비스를 주는 지도자와 강습을 받고자 하는 누군가) 정하고, 그 금액의 일부가 수수료가 된다는 것이다. 그리고 강습에 대한 유료와 함께 스포츠 시설 이용료에 대한 것도 유료이다. 이것은 스포츠 시설을 제공하는 사람에게 지불되는 것으로 개인 스포츠 시설도 있겠지만, 공공체육시설인 경우에도 마찬가지로 지불하게 된다. 개인이 운영하는 스포츠 시설에는 기본적으로 시설 이용료와 강습비 등이 시장의 상황에 따라 책정되어 있고, 공공체육 시설 또한 그러하지만, 개인 스포츠시설보다는 가격이 싸다고 볼 수 있다. 하지만 공공체육시설을 이용하는 것이 용이하지 않기 때문에 K-스포츠앱을 통해서 편하게 이용할 수 있게 될 것이며, 이 또한 이용료에 따른 수수료를 배달의 민족처럼 받게 된다. 그래서 요약하면 K-스포츠앱의 유료는 1단계부터~5단계의 지도자에게 스포츠 강습에 대한 강습비와 개인 및 공공 스포츠 시설 이용료가 있다.

Q : 공공체육시설에는 어느 특정 스포츠 동호회가 운영하는 경우가 많은데 이에 대한 이용료는 어떻게 되나요?

A : K-스포츠앱 이용자들은 보통 어떤 특정한 동호회를 들어가서 활동하는 것보다 아무 때나 편하게 스포츠를 즐기고 싶어 하는 분들이 더 많기 때문에(K-스포츠앱은 이를 위해서 만들어짐) 처음에는 동호회와 여러 마찰이 예상된다. 그렇지만 어느 정도 시간이 지나고 K-스포츠앱이 정착이 될 것이

며, 시간은 그리 길지 않을 것이다. 왜냐면 보통 스포츠 동호회를 지도하는 지도자들에게 K-스포츠앱은 강습을 할 수 있는 직업적인 통로이기 때문에 이들이 동호회에서의 위치와 힘의 작용으로 K-스포츠앱이 더 빨리 정착될 것이다. 그리고 공공체육시설을 관리하는 입장에서 스포츠 시설 이용에 대한 투명성을 확보하게 되어 자연스럽게 동호회와 K-스포츠앱을 통하여 스포츠 시설을 이용하는 사람들이 잘 어울리게 될 것이며, 이용료도 더 투명하게 형성될 것이다.

Q : 과연 K-스포츠앱을 통하여 직업창출이 가능한가?

A : 스포츠는 우리사회와 밀접한 관계를 맺고 있다. 그래서 스포츠 직종도 다른 직업과 마찬가지로 사회의 상황에 따라 영향을 받고 있다. 현재 삶의 질을 추구하는 것이 사회적인 트랜드이기 때문에 스포츠와 관련된 직업들이 각광을 받고 있는 추세이다. 이러한 현상들은 대학의 체육계열학과 모집에서도 그대로 반영되어 다른 학과에 비해 모집이나 충원율이 그리 나쁘지가 않다. 그렇지만 이러한 상황에서 스포츠 관련 직업들의 양적인 팽창은 있었지만 질적인 발전에는 아직 도달하지 못하고 있다. 엘리트 선수들도 직업적으로 활동하는 기간이 짧고 지도자의 길이 좁아 제2의 인생을 사는 것이 쉽지가 않은 것과 마찬가지로 일반적인 체육학이나 생활체육을 전공해서 체육 분야에 구직을 통해 정규직이나 어느 정도 삶의 안정을 찾는 것 또한 쉽지가 않다. 그만큼 사회적으로 체육

관련 직업이 미래지향적이라고 할 수 있지만 현실은 가혹하기 짝이 없을 정도로 힘이 든다. 힘이 든다는 것은 체육 관련 직업에서 양질이 직업이 그리 많지 않다는 것과 함께 경제적으로 몇몇 엘리트 선수와 지도자들, 그리고 체육시설업을 운영하는 소수의 인원들에게만 적용이 되어 직업에 있어 경제적 양극화가 심하다. 이렇듯 많은 대다수의 체육 전공자들에게 직업과 경제적인 효율성은 그리 크지 않는 것이 현실이다. 여기에 오랫동안 형성되어온 잘못된 관행이나 전통들로 인하여 구인과 구직에서 투명하지 않거나 공정하지 않는 경우도 존재하고 있다. 세상이 많이 좋아졌어도 쉽게 없어지지 않는 편견이나 선입관들은 스포츠 내에서도 발생하고 이다. 이에 K-스포츠앱은 우리사회에서 스포츠를 더 투명하고 공정하게 만들어 줄 것이며, 직업의 선택과 경제적인 상황에서 기존의 잘못된 관행들을 변화시키게 될 것이다. 그래서 많은 1단계에서 5단계에 존재하는 지도자 그룹들은 자신이 지니고 있는 스포츠의 전문성과 지도력을 K-스포츠앱에서 발휘하여 급변하는 현대사회에서 스포츠의 또 다른 직업적 플랫폼을 함께 만들어 갈 것이다.

Q : K-스포츠앱에서 6단계에서 15등급에 대한 차이와 5단계 이상으로 올라가려면 어떻게 해야 하나요?

A : 일단 첫 번째로 1단계에서 5단계는 지도자 그룹으로 5단계부터 시작하여 1단계까지 올라간다. 그리고 6단계부터 15단

계는 생활체육 수준으로 스포츠게임을 매칭해서 형성된 K-스포츠앱에서의 개인 레벨이다. 최초 K-스포츠앱에서 회원가입을 하고 개인이 관심이 있는 종목을 선택하면 15단계가 된다. 여기서 실제 게임처럼 단계가 올라가는 과정으로 K-스포츠앱 같은 종목의 유저와 직접 스포츠를 즐기고 이에 대한 승패나 무를 가지고 개인의 레벨이 변화되게 된다. 그렇다고 패를 했다고 무조건 레벨이 올라가지 않는 것이 아닌 빈도와 성적, 그리고 강한 등급에 있는 사람과의 게임에서의 승패, 타 지역에 있는 사람과의 경기와 결과, 매너, 경기에 대한 리뷰 등을 종합하여 등급이 어떤 사람은 빨리 올라 갈 수 있으며, 그렇지 못할 수 있다. 즉, K-스포츠앱을 자주 사용하는 매너 좋은 사람은 등업이 쉽게 될 수 있는 구조라고 할 수 있다.

두 번째 질문인 지도자 등급으로 올라갈 수 있는 일반적인 방법은 하루빨리 K-스포츠앱에 회원 가입을 하고 일단 15단계에서 6단계에 까지 올라가고 5단계 심사를 거쳐 지도자로써의 스포츠 강습 활동을 하면 된다. 여기서 중요한 하나의 포인트는 5단계부터는 강습을 할 수 있는 단계이지만 매너나 강습의 질이 좋지 않으면 강등될 수 있는 것과 다른 매칭으로 경기를 하지 않고 강습만 한다면 4단계 이상으로 등급을 올리는 것이 쉽지가 않다. 다시 말해 1단계부터 15단계의 기본은 스포츠 경기를 직접 해야만 그 등급을 유지하고 올라갈 수 있다는 것이다.

Q : 그러면 5단계인 지도자 단계로 바로 갈 수는 없나요?

A : 있다. 위에서 설명한 것은 등업의 일반적인 방법이다. K-스포츠앱은 체육계열의 대학을 반드시 나오지 않고 체육과 관련되어 활동을 하거나 관심이 있는 모든 대한민국 국민들에게 열려있는 스포츠플랫폼이다. 그래서 누구든 여기에서 5단계로 등업이 되어 하나의 직업으로 활동할 수 있다. 다만 5단계로 바로 가는 경우도 존재한다. 우리나라에는 체육지도자 관련 국가공인 자격증이 존재한다. 체육지도자와 관련된 홈페이지명은 체육지도자연수원이고 주소는 여기이다 (https://sqms.kspo.or.kr/index.kspo).

체육지도자연수원에 들어가면 자격안내를 통해서 체육지도자격증에 대하여 충분히 이해 가능하지만 간단하게 소개하면 체육지도자의 등급은 1급과 2급으로 나뉘며, 당연히 1급이 더 높은 단계이다. 그리고 우리가 알고 있는 엘리트 선수들의 지도자는 전문스포츠지도자 1급, 2급이며, 생활체육 지도자는 생활스포츠지도사 1급, 2급이다. 장애인 스포츠를 지도하는 장애인스포츠지도사 1급, 2급 있으며, 유소년스포츠지도사, 노인스포츠지도사가 세분화되고 전문화된 된 체육지도자 상황을 반영하여 형성되어 있다. 그리고 운동처방관련해서는 건강운동관리사가 있으며, 여기에는 급수가 없다. 현재 건강운동관리사 자격증은 대학에서뿐만 아니라 많은 사람들에게도 인기 있는 자격증에 속하고 있다.

이러한 체육지도자자격은 자격정의 및 관련근거, 자격요건 및 제출서류, 필기과목, 자격종목, 가격검정기관 및 연수기관지정현황, 유의사항, 체육지도자 결격 사유(국민체육진흥법 제11조의 5, 제12조), 종전의 체육지도자에 관한 경과조치(체육지도자연수원, 2023) 등에 관한 안내가 잘 되어 있으니 참고하면 될 것 같다.

이에 체육지도자연수원을 통해서 취득한 자격증은 국가공인이기 때문에 이 자격을 소유한 K-스포츠앱의 유저는 바로 5단계에서 시작이 가능하며, 미리 가입이 되어 활동하다가 체육지도자 자격증을 취득한 유저에게는 바로 5단계로 수직 상승하게 된다. 그렇지만 지도자 그룹단계가 5단계이고, 강습만 하면 쉽게 등업을 할 수 없기 때문에 스포츠 매칭을 통해서 경기를 해야 하는 불편함은 있다. 그렇지만 기존의 자격을 갖춘 지도자들이 K-스포츠앱을 이용하여 경기를 하는 것이 현실적이지 않고 불편할 수가 있다. 그래도 최소한의 경기를 하는 것이 다른 유저들과의 형평성에 맞기 때문에 이에 대한 불편함을 안고 시작해야 하지만 처음부터 5단계로 시작하는 혜택도 있다는 것을 알아줬으면 한다.

Q : 지도자단계에서는 강습만 하면 등업 하기 진짜 힘이 드나요?
A : 꼭 그렇지는 않다. 등업은 경기에 대한 승무패도 있지만 얼마나 자주 K-스포츠앱을 이용하는지가 중요하다. 당연히 지도자 단계에서는 매칭으로 경기를 하는 것보다 강습을 할 경우가 많기 때문에 강습을 많이 하면 그만큼 등업을 하는 것

이 더 용이해진다. 다만 최소한의 경기를 하면 되지만, 이 또한 지도자의 연령, 위치, 상황들에 따라 쉽지가 않을 수 도 있기 때문에 강습에 대한 횟수와 더불어 매너, 그리고 강습에 대한 리뷰의 비중을 더 많게 하여 지도자들의 현실을 반영하고자 한다. 그리고 K-스포츠앱에서 강습+경기라는 항목을 만들 것이다. 많은 K-스포츠앱 유저들은 강습도 받지만 같이 경기도 하고 싶은 경우가 많기 때문에 5단계부터는 강습, 강습+경기, 경기로 구분하여 지도자 단계에서 이용 횟수를 충분히 증가시킬 수 있도록 하겠다.

Q : 지도자 단계에서 매너나 리뷰로 평가가 가능한가?

A : 가능하다. 평가는 사람마다 다를 수밖에 없으며, 그것이 잘못됐다고 볼 수 없다. 스포츠 강습에서 기술적인 부분은 잘 했지만, 이론적인 부분이나 언어전달 능력, 그리고 전반적인 강습에 대한 매너 등이 나쁘다면 강습 후 만족도 조사에서 좋게 나오지 않을 가능성이 높으며, 리뷰로 기술적인 것은 좋은데 강사가 불친절하다고 할 수 있다. 이러한 내용들은 다 투명하게 공개를 한다. 다만 인신공격성 리뷰나 댓글들은 K-스포츠앱에서 미리 차단을 할 수 있게 프로그램화 할 것이다. 이러한 상황들은 K-스포츠앱을 이용하는 모든 이용자에 대한 정보 전달과 함께 안전을 위한 기본적인 상황이며, 나아가 지도자들의 개인 역량들을 한눈에 알 수 있는 투명한 시스템이라고 판단된다. 현재 우리나라에서 운영 중인 많은

플랫폼 앱들은 모두 가격과 함께 리뷰를 통해서 공급자가 수요자에게 어필하고 있다. 스포츠도 강습을 하는 지도자 단계의 유저들은 강습을 받는 수요자에게 자신의 상황을 충분히 어필해야 이 K-스포츠앱에서 성공할 수 있을 것이다. 그래서 아무나 5단계를 갈 수 없으며, 국가공인 체육지도자 자격증 제출하고 심사를 받아야만, 지도자 활동을 할 수 있다. 우리나라 국민체육진흥법에도 체육지도자 자격을 갖춘 자가 지도를 할 수 있기 때문에 더더욱 그렇다. 그리고 지도자 자격증만 있다고 끝난 것이 아닌 시장논리로 본인의 강습 서비스가 좋아야만 더 많은 강습을 할 수 있는 구조가 될 수밖에 없다. 그래서 5단계부터는 자격증, 강습에 따른 만족도 조사의 평가, 리뷰에 따른 상황들을 종합하여 등업도 되고 본인이 더 수익창출을 할 수 있게 될 것이다. 이는 체육지도자 전반의 지도자에 대한 인식이 제고되고 더 전문성과 지도자의 자질들이 동반 향상될 것으로 판단되며, 이것은 다시 K-스포츠 앱을 이용하는 이용자뿐만 아니라 우리나라 스포츠 시장을 좋게 변화시키는 선순환구조를 만들게 될 것으로 판단된다.

Q : 스포츠 매칭에 대해서 다시 설명이 가능하나요?

A : 가칭 K-스포츠앱에 회원가입을 하면 자신이 선택한 종목으로 입장한다. 이때 종목은 여러 스포츠 종목을 선택이 가능하지만, 각각의 레벨은 활동정도에 따라 다르게 된다. 스포츠 종목은 우리사회에서 인기 종목뿐만 아니라 비인기 종목들도

존재한다. 그래서 수많은 스포츠 종목 중에서 체육지도자연수원에 있는 체육지도자자격증 종목이 대부분 운영이 될 것이다. 이는 스포츠 매칭에는 스포츠 경기, 스포츠 강습, 스포츠 강습+경기, 스포츠시설 이용 등의 형태로 운영이 되기 때문에 스포츠 종목은 이 4가지 형태가 운영·관리가 될 수 있는 스포츠 종목이 되는 것이다. 그래서 스포츠 매칭으로 스포츠 종목을 선택하고 스포츠 경기만 할 수도 있고, 4가지 형태를 다 이용도 가능하다. 그 선택에 따른 무료와 유료는 앞에서 설명한 것 같다. 다시 K-스포츠앱을 통해 스포츠 경기만을 매칭하여 경기를 진행한다면 무료이며, 우리나라 전국 어디에서 시간과 장소를 서로가 선택하여 진행하면 된다. 다만 공공체육시설이나 사설체육시설에 시설이용료가 있다면 이 부분은 경기에서 패배한 유저가 내는 것이 아닌 각자 먼저 지불을 하고 스포츠 매칭을 진행 하면 된다. 이는 숙박앱이나 배달앱처럼 예약이나 주문을 할 때 먼저 금액을 지불하는 형태와 마찬가지라고 생각하면 된다.

Q : 스포츠매칭에서 스포츠경기에 대하여 더 설명이 가능하나요?

A : 스포츠경기는 스포츠플랫폼인 K-스포츠앱의 메인이다. 스포츠는 경쟁을 통한 탁월함을 추구한다는 본질을 가지고 있다. 이에 경쟁은 자신과의 경쟁, 타인과의 경쟁, 자연과의 경쟁 등을 포함하여 신체적, 정신적인 우위를 위한 신체의 움직임이 스포츠인 것이다. 스포츠는 이러한 본질을 바탕으로 제도

화, 조직화, 표준화 된 것이 우리가 현재 보고, 즐기고, 행하는 스포츠인 것이다. 그래서 K-스포츠앱에서의 스포츠는 자신과의 경쟁이 필요한 스포츠 종목이 있으며, 타인과의 경쟁과 자연과의 경쟁인 스포츠와 그 스포츠 종목이 존재한다. 스포츠종목은 체육지도자연수원에 있는 체육지도자 자격증 종목에만 국한되어 스포츠 경기를 매칭하게 된다. 이는 K-스포츠앱의 스포츠플랫폼 서비스가 4개의 형태로 운영되기 때문이다. 그렇지만 스포츠종목은 4개의 형태가 만족하지 않더라도 스포츠 종목의 수요에 따라 증가할 수 있다.

다시 스포츠경기에서 테니스는 엘리트에서는 단식이 인기가 있지만, 생활체육에서는 시간과 시설 및 공간의 제한으로 복식 위주로 경기가 행해진다. 이에 테니스를 K-스포츠앱을 통하여 단식으로 경기를 하고 싶다면 종목에 설정된 단식/복식 중에 선택하면 된다. 여기서 스포츠경기에 대한 매칭은 무료지만, 시설을 이용한다면 당연히 시설이용료에 대하여 지불을 해야 하며, 단식과 복식의 금액은 시간, 장소, 공간, 시설 환경에 따라 달라질 것이다. 이에 체육시설을 제공하는 유저들은 자신들의 상황에 따라 시설에 대한 양질의 서비스를 통하여 K-스포츠앱을 활성화시킬 것이며, 이는 다시 스포츠경기만을 하지만 어쩔 수 없이 체육시설을 이용하는 유저에게 여러 선택권을 주게 될 것이다.

이렇듯 스포츠경기는 내가 언제 어디서나 자신의 레벨이나 다른 레벨과의 경기를 할 수 있도록 스포츠플랫폼이 운영이 되는 것이다. 여기서 모든 스포츠 종목이 인기가 있을 것이라고 생각하지 않는다. 다만 K-스포츠앱을 통하여 전반적으로 양적인 스포츠 성장과 질적인 스포츠 발전이 이뤄졌으면 한다. 그러기 위해서는 K-스포츠앱에서 스포츠 경기에 대한 스포츠매칭으로만 현실적으로 한계가 있기 때문에 이를 종합적으로 접근하였다.

Q : 그렇다면 K-스포츠앱의 스포츠종목은 무엇인가?

A : 체육지도자연수원 체육지도자자격증 중에 생활스포츠지도사 1급, 2급 65개 종목이다. 종목을 나열하면 1. 동계(설상)-스키이고, 2 하계·동계(빙상)-검도, 게이트볼, 골프, 국학기공, 궁도, 농구, 당구, 댄스스포츠, 등산, 라켓볼, 럭비, 레슬링, 레크리에이션, 배구, 배드민턴, 보디빌딩, 복싱, 볼링, 빙상, 사격, 세팍타크로, 소프트볼, 소프트테니스, 수상스키, 수영, 스쿼시, 스킨스쿠버, 승마, 씨름, 아이스하키, 야구, 양궁, 에어로빅, 오리엔티어링, 요트, 우슈, 윈드서핑, 유도, 육상, 인라인스케이트, 자전거, 조정, 족구, 주짓수, 줄넘기, 철인3종경기, 체조, 축구, 치어리딩, 카누, 탁구, 태권도, 택견, 테니스, 파크골프, 패러글라이딩, 펜싱, 풋살, 플로어볼, 하키, 합기도, 핸드볼, 행글라이딩, 힙합이다. ※ 계절영향이 없는 동계종목(빙상, 아이스하키 등)은 하계종목에 포함(체육지도자연수원, 2023).

여기에 나와 있는 생활스포츠지도사 자격종목은 65개 종목이고, 전문스포츠지도사 자격종목은 57개 종목이며, 장애인 스포츠지도사 자격종목은 36개 종목이다. 그리고 유소년스포츠지도사 자격종목은 62개 종목이며, 노인스포츠지도사 자격종목은 60개 종목으로 체육지도자연수원 홈페이지에서 더 자세하게 종목을 확인 할 수 있다. 스포츠자격증마다 자격종목이 다르지만 기본적으로 생활스포츠지도사 자격종목(장애인스포츠지도사 별도)에 포함되어 있으며, K-스포츠앱의 메인인 생활스포츠를 바탕으로 스포츠플랫폼이 운영되기 때문에 생활스포츠지도사 자격종목으로 운영이 될 것이다.

Q : 노인스포츠지도사 자격증을 가지고 있으면 노인만 지도를 하는 것이며, 지도자 단계인 5단계로 올라갈 수 있나요?

A : 노인스포츠지도사 자격증은 국가공인 체육지도자자격증이다. 그래서 노인스포츠지도사 자격증을 취득하면 K-스포츠앱에서 지도자 단계인 5단계로 올라간다. 다른 체육지도자 자격증 또한 동일하다. 다만 지도자 정보에 자격증과 급수가 표기되어 있으니 이러한 부분을 미리 인식하여 자격취득을 하면 좋을 것 같다. 왜냐면 K-스포츠앱의 이용자가 노인과 유소년보다 성인들이 더 많은 것으로 예측되기 때문이다.

Q : 체육지도자 자격증이 생활스포츠지도사와 전문스포츠지도사자격증을 가지고 있으며, 여러 스포츠 종목을 취득하고 있습니다. 이렇게 중복되는 것은 어떻게 되나요?

A : 체육지도자자격증을 여러 자격증과 종목을 취득하였다면 K-스포츠앱에서는 매우 우수한 인재라고 판단됩니다. 이에 K-스포츠앱에서는 이에 대하여 지도자단계인 5등급에서 등업을 할 때 자격증이 추가될 때마다 심사를 거쳐 우선순위로 단계를 올리도록 할 것입니다. 다만 강습에 대한 회수, 매너(만족도 조사), 리뷰 등을 종합적으로 판단하는 것이기 때문에 무조건 자격증을 취득했다고 등업이 되는 것은 아닙니다. 그리고 K-스포츠앱의 이용방법은 회원가입을 해서 각 종목을 선택을 하는데 이때 한 종목이 아닌 여러 종목을 선택할 수 있습니다. 여기서 각각의 종목에 대한 단계가 있기 때문에 그 종목의 체육지도자 자격증을 취득하면 거기에 맞춰 등업이 된다고 보시면 됩니다. 예를 들어 한 사람이 생활스포츠지도사 2급 자격종목은 수영과 전문스포츠지도사 2급 수영, 생활스포츠지도사 2급 농구라고 하면 수영종목에서는 최소 5단계이며, 전문스포츠지도사 자격증이 현실적으로 생활스포츠지도사보다 수준이 더 높기 때문에 K-스포츠앱 단계 조정 심사를 종합적으로 판단하겠지만 3단계 이상으로 등업이 될 수 있으며, 농구종목에서는 5단계로 올라가 농구종목에서의 강습, 경기, 매너(만족도 조사), 리뷰를 통하는 동일한 과정이 된다. 즉, 중복되는 체육지도자자격증은 같은 종목일 경우에는 등업 심사 할 때 플러스 점수가 되며, 다른 종목일 때는 별도에 플러스 점수는 없지만, 강사 정보와 개인이 다양한 종목에서 지도자 활동을 자유롭게 할 수 있도록 제한을 두지

않을 것이다.

Q : 체육시설이용료에 대하여 다시 한번 설명해주세요?

A : 우리나라 체육시설은 크게 공공체육시설과 민간체육시설로
나뉜다. 공공체육은 국가나 지자체, 학교 등 공공을 위해서
만들어지고 운영·관리되는 곳이며, 민간체육시설은 공공체육
시설을 뺀 나머지 개인이나 단체 등에서 이익을 목적으로 운
영하는 곳이 민간체육시설이다. 즉, 공공체육시설과 민간체육
시설의 가장 큰 구분은 이익창출이다. 그렇다고 해서 공공체
육시설에 이용료를 지불하지 않는 것은 아니다. 왜냐면 체육
시설을 운영, 관리하기 위해서는 막대한 비용이 들어가기 때
문에 최소한의 이용료를 받고 있는 실정이며, 당연히 민간체
육시설은 이익을 창출하기 위해서 이용료를 공공체육시설보
다 더 많이 받고 있다. 이러한 상황에서 체육시설에 대한 이
용료는 무료가 아닌 유료가 될 수밖에 없는 구조이다. 쉽게
말해 카카오택시 또한 개인택시도 있고, 회사택시도 있으며,
기존의 콜택시 회사도 존재하지만, 이를 이용하는 모든 이용
객은 택시비를 지불해야 한다. 이렇듯 K-스포츠앱을 통해 스
포츠경기를 할 때 그 곳이 공공체육시설이든 민간체육시설이
던 간에 이용료는 존재하게 된다. 강습을 할 때에도 그 곳이
어떤 곳이냐에 따라 강습비와 더불어 체육시설이용료를 지불
하게 될 것이다. 예를 들어 내가 어떤 스키장에서 원하는 시
간에 강습을 받고 싶어서 K-스포츠앱을 통하여 시간과 장소

에 따른 적절한 강사를 만나 강습을 받는다면 첫째로 강습비를 K-스포츠앱 통하여 지불해야 하며, 둘째 스키리프트권이나 다른 시설 이용료에 대한 지불을 하는 것과 마찬가지로 생각하면 된다. 다시 말해 내가 스키장 리프트권이 시즌권이면 스키장 이용료는 더 이상 지불하지 않고 강습비만 내면 되는 것이고, 그렇지 않으면 스키 강습에 필요한 리프트권(스키장이용료)을 지불해야 하며, 강습비 또한 지불해야 한다. 이렇듯 체육시설이용료는 공공체육시설과 민간체육시설에 따라 가격이 다 다를 것이며, 시간, 장소, 환경 등에 따라 달라질 수 있다.

Q : 민간체육시설업을 운영하는 입장에서는 K-스포츠앱을 어떻게 이용해야 하는가요?

A : 민간체육시설업을 운영하는 사장님들은 하루하루가 생존의 기로일 것이다. 현시대는 급변하고 있으며, 스포츠도 이러한 변화에 절대 뒤처지지 않고 있다. 그래서 민간체육시설업을 운영하는 입장에서는 일단 K-스포츠앱이 반갑지 않을 것이다. 그렇지만 음식점을 운영하는 식당에서 처음에 배달앱을 반기지 않았다가 이제는 배달앱이 매상에 중요한 역할을 하고 있어 배달앱에 대한 운영, 관리를 엄청나게 공을 들이기 있다. 이와 마찬가지로 K-스포츠앱도 그럴 것으로 충분히 예상된다. 음식 배달에 대한 플랫폼이 우리 삶의 일부가 되고 있는 작금의 상황에서 스포츠도 플랫폼이 형성되는 것은 이

제 어쩔 수 없는 상황이 될 것이다. 그래서 이를 먼저 가입하고 체육시설이용에 대한 다양한 서비스를 제공한다면 K-스포츠앱에서 인기 있는 체육시설업이 될 것이며, 이는 매출과도 연결이 될 것으로 판단된다.

Q : 그러면 구체적으로 체육시설업 시스템이 어떻게 구성 되는가요?

A : 모든 플랫폼들은 공급자에 대한 편의와 시스템을 잘 완비하기 위해 노력을 한다. 당연히 K-스포츠앱에서 체육시설업 운영자는 공급자이며 K-스포츠앱의 성장과 발전에 중요한 역할을 하기 때문에 이에 대한 보상과 이익창출의 극대화를 위해 노력할 것이다. 앞장에서도 설명한 봐와 같이 민간 체육시설은 개인의 돈, 시간, 노력 등이 함축되어 있으며, 이에 대한 재산이 침해되지 않으면서 최대한 이익창출을 할 수 있도록 지속적인 관심과 정책을 만들어가야 한다. 이중 체육시설이용료는 각 운영자의 상황에 따라 책정이 되겠지만 기본적으로 가격할인으로 서로가 피해가 갈 수 없도록 하한 금액은 상정할 것이지만, 자유경쟁을 위해 상한금액은 정해지지 않을 것이다. 다만 이용자의 편의와 안전을 위해 체육시설이용에 대한 불편함과 그에 따른 만족도 조사, 리뷰 등을 반영하여 패널티를 적용할 것이다. 공급자인 체육시설업 운영자들에게 이에 대한 사전 정보나 공지사항은 미리 전달하고 숙지 된 상태에서 K-스포츠앱을 이용할 수 있게 할 것이다. 이

에 공급자와 수요자가 피해 없이 안전하고 편하게 K-스포츠
앱을 이용하도록 할 것이다.

Q : K-스포츠앱에서 공급자뿐만 아니라 이용자도 패널티가 있나
요?

A : 네. 있습니다. K-스포츠앱을 이용하는 모든 이용자들은 패널
티가 받을 수 있는 시스템이 있다. 공급자는 체육시설업도
있지만, 강습도 공급자적인 포지션이 있기 때문에 본인의 강
습이 형편이 없거나 약속된 시간과 환경이 당초 K-스포츠앱
에 올라온 상황과 다르다면 당연히 패널티가 부과된다. 이용
자 또한 시간과 만족도 조사, 리뷰 등을 통해서 패널티가 부
과된다. 일명 진상 손님이 되는 경우는 말도 안 되는 요구를
하는 경우가 될 것이다. 예를 들어 강습을 다 잘 받고 아무
이유 없이 환불을 요청한다거나, 정해진 강습 시간에 늦게
온다거나 정해진 장소가 아닌 다른 장소로 가서 스포츠경기
가 이루어지지 않거나 등등 다양한 사례가 나오겠지만, 기본
적으로 설문조사에 이러한 문항들을 기재하고 이를 체크했을
때 상황설명을 더 할 수 있는 프로그램을 만들어 운영, 관리
를 할 것이다. 이에 쌍방향 소통(설문조사, 리뷰)을 하여 서
로가 피해가 가는 일이 없도록 할 예정이다.

Q : K-스포츠앱에서 평점이나 리뷰를 조작한다면 어떻게 되는가
요?

A : 우리는 어떤 서비스를 받고 나면 그 담당자가 설문조사 오면
잘 좀 부탁한다는 이야기를 자주 듣고 한다. 당연히 K-스포
츠앱에서도 이러한 상황들이 발생할 수 있다고 판단된다. 강
습을 받고 나서 설문조사나 리뷰에 신경쓰는 것 또한 자본주
의사회에서 더 많은 이익을 창출하기 위한 하나의 마케팅이
될 수 있다. 그렇지만 서비스 자체의 질이 좋지 않으면 이
또한 현명한 소비자는 금방 알게 된다. 그래서 기본적으로
설문조사나 리뷰를 좋게 조작하는 것은 어느 정도 시간이 지
나면 해결 될 것이지만, 문제는 악의적으로 설문조사 리뷰를
나쁘게 작성하여 피해을 입히는 경우이다. 이에 좋지 않는
상황들에 대한 구체적으로 기술하지 못하거나 그렇게 작성하
는 나쁜 소비자들에 대한 기본 데이터를 계속 모니터링 할
것이며, 이에 대한 관리를 할 것이다. 그리고 경쟁업체에 대
한허위사실 유포나 비방, 그리고 나쁜 소비자들과의 연계를
통한 공격은 K-스포츠앱의 이용을 제한 할 것이다. 그리고
등급을 빨리 올리기 위해 스포츠경기를 하지 않았는데 올리
거나, 일부로 승부조작을 하여 경기 결과를 올리는 행위들도
그에 따른 조치를 할 것이다. 왜냐면 스포츠는 공정한 경쟁
을 통한 탁월함을 추구하는 것이고, 예측불허의 경기가 있기
때문에 재미있는 것이다. 그렇지만 이미 결과가 나와 있는
스포츠를 한다면 경기에 임한 당사자나 이를 지켜보는 모든
이들에게도 좋지 않은 영향을 주고 있기 때문에 이에 대한
제제를 전 세계적으로 강하고 하고 있다. 이와 마찬가지로

K-스포츠앱에서도 위와 같은 승부조작이 발생하면 이에 대한 제제를 엄하게 할 것이다.

Q : K-스포츠앱의 이용은 언제부터 가능한가요?

A : 이 책이 출간되기 전에 K-스포츠앱에 대하여 여러 기업이나 단체들에게 사업 제안을 할 것이며, 그 중에서 제일 적당한 곳이 선정이 되면 K-스포츠앱이 먼저 상용화되면서 이 책도 같은 시기에 보게 될 것이다.

Q : K-스포츠앱을 운영하는 적당한 곳이 선정이 되지 않는다면 어떻게 할 것인가요?

A : 이 책이 나왔다면 이 질문에 쉽게 답이 될 것이지만, 만약에 K-스포츠앱을 운영하는 곳이 계속 찾지 못하거나 선정이 되지 않는다면 먼저 이 책을 출판하여 여러 곳에 사업 제안을 하고자 한다.

Q : 그렇다면 이 책이 나왔어도 K-스포츠앱이 운영이 안 될 수 있다는 것이 되는 것이네요?

A : 네 맞습니다. 제일 최상의 시나리오는 K-스포츠앱이 운영이 되면서 동시에 이 책이 나온다면 좋겠지만, 스포츠 시장의 상황과 우리사회의 환경들을 모두 고려해야 하는 것이기 때문에 장담할 수 없다. 그렇지만 계속 이야기한 것처럼 우리 사회의 삶의 질은 계속해서 올라갈 것이며, 스포츠의 수요도

이와 마찬가지로 지속적으로 증가할 것이다. 스포츠를 좀 더 편하게 하고, 스포츠 직업과 이익이 창출되면서 모든 스포츠와 관련된 것들이 동반성장할 수 있는 시스템인 K-스포츠앱인 스포츠플랫폼은 반드시 형성될 것으로 판단되며, 이를 알아보고 과감하게 투자하여 운영, 관리할 미래지향적인 기업이나 사업가들은 존재할 것이다.

Q : K-스포츠앱의 운영과 그에 따른 스포츠의 발전에 대하여 긍정적으로 사고하는 이유가 있는가요?

A : 우리사회에서 여러 플랫폼 중에 성공한 것도 있고 실패하여 존재조차 모르는 플랫폼도 많다. 그렇지만 이들의 공통점은 모두 플랫폼에 무엇인가를 넣고 실천하여 하나의 시스템으로 완성하여 운영했다는 것이다. 스포츠도 이제는 그럴만한 시기가 왔다. 아직도 본 저자는 스포츠를 좋아하고, 행하고 있으며, 스포츠로 먹고 산다. 배달의 민족처럼 내가 원하는 메뉴를 집이나 원하는 장소까지 굳이 전화로 하지 않고 편하게 모바일로 이용할 수 있다는 단순한 생각들이 사업화 되어서 성공하였듯이 스포츠도 우리사회에서 이제는 꼭 필요한 플랫폼이 될 것이라고 판단하고 있다. 그래서 스포츠도 내가 원하는 시간과 장소에서 나와 비슷한 실력을 가진 누군가(지역마다 등급과 실력의 차이는 발생할 수 있음. 그리고 다른 단계의 누군가와 경기를 할 수 있음)와 편하게 운동을 같이 하거나 대결하고, 이를 게임처럼 등업이 된다면 재미가 더 해

질 것이다. 그리고 강습을 통해 기존의 스포츠 강사들의 직업적인 불안감을 K-스포츠앱을 통해서 어느 정도 해소하면서 이익을 창출할 수 있게 될 것이다. 또한 체육시설업 운영자들에게는 새로운 스포츠 시장을 만들게 하여 더 나은 이익을 창출할 수 있게 해준다. 그리고 수요자들은 여러 다양한 체육시설을 이용하면서 작금의 스포츠 시장을 투명하면서도 자유경쟁 시대로 제대로 나아가 발전할 수 있게 도움을 준다고 판단된다. 그리고 스포츠가 삶의 질 향상에 여러 요소들을 첨부할 수 있게 하여 K-스포츠앱을 통한 스포츠플랫폼은 스포츠에 충분한 긍정적인 영향을 준다고 판단된다.

Q : K-스포츠앱이 스포츠에 부정적인 영향을 없는가요?

A : 당연히 존재한다. K-스포츠앱을 통한 스포츠 발전을 위해서는 객관화 작업이 우선시 되어야 한다. 이중 하나가 긍정적인 영향과 함께 부정적인 상황들을 체크하여, 이를 K-스포츠앱에 반영해야 하는 것이다. 그래서 K-스포츠앱의 부정적인 상황들 중에 여러 가지 있겠지만, 그 중 하나가 안전이다. 배달의 민족도 처음에 겪은 상황이었을 것이며, 배달한 음식점에서도 배달을 하지만, 시스템상 그렇지 않는 부분으로 배달전문업체들이 상존해 있기 때문에 배달에 따른 여러 문제들이 발생할 수 있는 환경이고 특히 안전에 대한 문제가 항상 존재해오고 있으며, 아직도 진행형이다. 그래서 이러한 부분을 아예 없애지는 못하더라도 최소한의 안전장치들을 만들려

고 했다. 그래서 스포츠 경기와 강습에 대한 만족도 조사, 리뷰 등을 운영하는 것이며, 강습을 하는 지도자의 자격과 강습경험, 스포츠경기 매칭횟수, 리뷰, 만족도 등을 종합하여 등급이 올라가는 시스템과 패널티를 줄 수 있는 상황들을 만들어 놓은 것이며, 경기나 강습이 매칭이 되는 순간 안심할 수 있는 문자나 전화번호가 본인들에게 공개되어 안전의 부정적인 영향을 최소화하고자 한다.

다른 부정적인 상황은 K-스포츠앱의 이용하는 이용자보다는 체육시설업 운영자나 강습을 제공하는 지도자 단계에 있는 사람들의 불편함이 K-스포츠앱의 부정적인 영향이라고 판단된다.

제 4부 스포츠플랫폼의 방향성

우리사회에서 스포츠플랫폼은 무엇이며, 어떻게 관계를 형성하고 있으며, 앞으로 나아가야 할 방향성은 어떻게 되는가? 이에 대해서는 충분한 논의와 여러 연구들도 필요하다. 그렇지만 스포츠플랫폼에 대한 제대로 된 철학과 비전이 먼저 형성되어야 스포츠플랫폼에 대한 존재, 인식, 가치, 현상들에 대하여 이야기 할 수 있을 것이다.

스포츠플랫폼에 대한 철학과 비전은 앞으로 우리가 스포츠플랫폼을 어떻게 형성하고 이해하며, 인식하는 상황에 따라 달라질 것이다. 이에 제 4부에서는 총 2장으로 구성하여 스포츠플랫폼의 방향성에 대하여 깊은 생각을 가질 수 있도록 하였다.

제1장 스포츠플랫폼의 존재와 인식

스포츠는 이제 우리사회에서 없어서는 안 되는 영역이 되었다. 그렇지만 나라 경제나 경기가 안 좋아지고 먹고 사는 것이 힘들어지면 제일 먼저 등한시 되는 것은 스포츠이다. 다른 영역들에서도 이러한 변화는 발생하지만 유독 스포츠가 더 먼저 민감하게 발생한다. 예를 들어 자녀의 교육을 위해 여러 학원이나 사교육을 하다가 가정경제나 형편이 나빠지면 주지과목이자 입시과목인 국어, 영어, 수학을 줄이기보다는 예체능을 먼저 줄이게 된다. 즉, 입시과목에 포함되지 않는 예체능을 줄이는 것이 더 효율적이라고 사고하기 때문에 그렇다. 그리고 이러한 결정에는 스포츠가 우리사회에 어떠한 의미와 가치가 있는지를 보여주기도 하는 것이다.

우리사회에서 스포츠를 바라보는 관점을 시대와 상황에 따라 다르겠지만, 기본적으로 신체멸시사상과 오랫동안 형성되고 지배해온 유교적인 사상과 문화도 무시할 수 없다. 그래서 신체활동이나 신체의 움직임에 대하여 아직도 잘못된 이해와 인식들이 없어지지 않고 우리 사회 깊숙이 자리 잡고 있는지 모른다.

그래서 스포츠를 전공하고, 직업으로 사는 사람들에 대한 약간의 편견은 존재한다. 그 인식은 시대가 변화가 사회가 발전하면서 점차 없어지고 있는 추세이지만, 아직 완벽한 변화가 아닌 과정에 있다. 우리는 이제 스포츠가 우리 삶에 있어 여러 다양한 의미와 가치가 있다는 것을 이론이나 연구결과를 통해 쉽게 이해할 수 있는 상황이다. 그렇지만 아직도 과학적이고도 객관적인 자료와 통계를 믿지 않고 신체의 사용에 대한 평가절하를 하고 있다.

이러한 상황들에 대하여 많은 체육인들은 인식하지만, 다른 영역의 사람들은 이를 아예 알지 못하거나 스포츠에 대하여 제대로 된 인식에 대하여 굳이 알아야 할 필요성을 느끼지 못한다. 어쩌면 이것은 당연할 일이다. 자신이 존재하거나 활동하는 영역에서는 중요한 문제이지만, 다른 영역과의 관계에서는 그럴 필요성이 없거나 중요하지 않기 때문이다.

다만 체육인들 중에서도 이러한 문제를 인식하지 못하는 경우가 많다. 철학의 한 연구영역인 존재론은 내가 누구인가? 에 대하여 지속적인 자기반성과 성찰을 요구한다. 내가 누구인지를 알고 이러한 과정을 거쳐 더 나은 삶을 살고자 하는 방향성을 제시하는 것이 철학의 핵심이라고 할 수 있다. 그래서 스포츠를 철학하는 것은 스포츠가 무엇인가와 스포츠가 어떻게 나아가야 할 것인가를 철학하는 것이다.

작금의 스포츠는 성장과 발전을 계속해서 하고 있다. 그렇지만 우리가 알고 있는 스포츠의 성장은 크게 산업적, 경제적인 양적인 성장을 의미하지만, 일반 대중들은 스포츠 경기에서의 결과나 순위를 의미한다. 그리고 스포츠의 발전은 크게 사회적, 문화적, 철학적인 질적인 것을 의미하지만, 우리사회에서는 스포츠 자체와 스포츠 경기력 등으로 판단한다.

그래서 스포츠의 성장과 발전을 이야기 한다면 거시적인 관점과 미시적인 관점, 양적인 성장과 질적인 발전으로 구분하지 않고 사고하는 경우가 많다. 즉, 스포츠가 우리사회에서 산업적, 경제적으로 성장하고 사회, 문화적으로 발전했다는 것을 다시 한번 볼 필요가 있다.

그렇다면 우리사회에서 진정한 스포츠의 성장과 발전은 종합적으로 사고하여 여러 다양한 스포츠 구조를 만들 필요성가 있다. 그중에서 이 책의 핵심인 스포츠플랫폼을 형성하는 것이다. 스포츠플랫폼은 산업적, 경제적으로 스포츠 성장에 도움이 될 것이며, 사회적, 문화적, 역사적, 철학적으로 질적인 발전에 영향을 미칠 것이다.

그렇다면 스포츠플랫폼에 대한 산업적, 경제적인 관계는 무엇인가? 이에 대해서는 스포츠플랫폼 자체가 우리사회에서 스포츠 산업을 선도하는 구조를 만드는 것이다. 스포츠 산업에 대한 사전적인 의미는 스포츠 산업(sport industry)은 스포츠와 관련된 재화와 서비스를 통해 부가가치를 창출하는 산업을 의미한다(위키백과 사전, 2023). 다른 사전적 의미는 스포츠와 관련된 각종 산업으로 건설업, 제조업, 관광업, 통신업, 서비스업 등 여러 산업 분야에서 스포츠와 연계된 것도 포함한다(다음 한국어 사전, 2023).

즉, 스포츠플랫폼은 스포츠 산업으로 우리사회에서 부가가치를 창출할 수 있는 모든 것과 연계될 수 있다는 것이다. 우리나라의 현재 스포츠 산업은 다른 선진국에 비해 그리 크지 않다. 선진국으로 대표되는 많은 나라들은 산업도 선진국 이듯이 스포츠도 하나의 산업으로 인정받으면서 스포츠선진국이라고 부른다. 우리나라도 스포츠 강국에서 스포츠선진국으로 패러다임을 바꾸고 있지만 스포츠 산업과 그 구조가 아직 미약하다고 볼 수 있다. 이러한 상황들은 다시 스포츠를 행하는 사람들에게 영향을 미쳐 전반적인 스포츠의 성장과 발전을 막는다.

스포츠 산업이 성장과 발전을 하지 못하면 그만큼 경제적인 측면 또한 동반 하락한다. 스포츠 통한 경제 활동들은 스포츠를 더욱 발전시키는 중요한 변수가 되었다. 우리나라의 많은 지자체들은 스포츠 대회 개회를 통해 경제적 효과와 활성화를 누리려고 하고 있다. 스포츠를 통한 경제적 효과는 무형이든 유형이든 간에 경제적인 상황들이 발생한다고 볼 수 있다. 그렇지만 스포츠로만 경제적 효과를 거두기에는 많은 한계가 있기 때문에 관광이나 문화적인 측면들과 연계하여 경제적 효과를 거두기 위해 노력하고 있다. 우리나라 프로스포츠는 모기업의 지원 없이는 구단이 운영되는 것이 한계가 있다. 이는 경제적인 관점으로 프로스포츠가 탄생한 것이 아닌 정치적인 이유 때문에 현재까지 프로스포츠가 운영, 관리 되고 있다. 그래서 모기업의 경제적인 상황에 따라 구단의 역사가 좌우된다. 구단의 자체적인 경제력과 자생력이 없이 현재 프로스포츠가 운영되는 것은 앞으로 많은 한계와 문제가 있다는 것이다.

우리나라 스포츠의 양적인 성장은 앞으로 계속될 것이다. 하지만 이를 경제적으로만 논의해서는 진정한 발전을 이룰 수 없다. 프로스포츠뿐만 아니라 많은 지자체나 일반 실업팀을 운영하는 스포츠 구단이나 팀들은 경제적인 지원과 밀접한 관계를 맺고 있어 이를 정치적이나 다른 이유로 경제적인 지원이 끊긴다면 당연히 그 피해는 현장에서의 체육인들과 그 가족들이며, 이를 보고, 즐기는 일반

대중들한테 보편적 볼거리를 막는 피해를 준다. 여기서 일반 대중들은 피해가 크기 않고 다른 볼거리들이 많이 형성된 현대사회에서 당연히 금방 잊게 된다. 그래서 스포츠가 사회적으로 어떠한 의미와 가치가 있는지와 긍정적인 영향과 부정적인 영향 등에 대하여 지속적으로 연구하고 논의되어야 한다. 스포츠에서 발생하는 여러 사건과 일들은 스포츠의 성장과 발전을 막는 것으로 사회적으로 충분한 논의와 공론화를 거쳐 법, 정책, 제도 등의 뒷받침을 통하여 다뤄져야 한다.

스포츠에서 발생하는 도핑, 승부조작, 반인권(폭력, 성폭력), 도박, 음주운전 등은 우리사회가 다 함께 해결해야 할 숙제이다. 유명한 스포츠 스타에서 발생하는 이러한 사건들은 일반대중들에게 충격이자만 이를 모방하는 역할모형이 형성되어 악영향을 줄 수 있다. 그래서 스포츠에서 발생하는 여러 사건과 일들에 대하여 스포츠 자체에서만 해결하고 정화하려는 노력도 중요하지만, 기본적으로 스포츠도 우리사회의 일부이기 때문에 함께 해결하고 예방해야 한다. 스포츠 공공재의 사회적인 논의가 있을 수 있지만, 그래도 이제는 스포츠를 우리사회에서 이해와 인식의 변화가 어느 정도 형성이 되었지만 진정한 변화를 위해서는 스포츠플랫폼이라는 새로운 스포츠의 구조를 만들어 다함께 양적, 질적으로 변화를 만들어야 한다.

스포츠플랫폼은 이러한 우리사회에서 스포츠에 대한 인식의 변화를 가져다주는 좋은 역할과 책임을 할 것이라고 판단된다. 그렇지만 스포츠와 스포츠플랫폼은 구조가 잘 형성되어 있어도 이를 운영하고 관리하는 사람, 그리고 이를 이용하는 사람들 모두 다 같이 좋은 방향으로 만들어가야 한다. 아무리 좋은 정책과 제도가 만들어져도 이를 행하는 사람들이 잘못 운영하고 관리한다면 나중에는 나쁜 정책과 제도가 된다. 그래서 스포츠플랫폼이 잘 운영되고 발전하기 위해서는 운영자, 이용자, 그리고 일반 대중 모두가 좋은 향으로 나아갈 수 있도록 스포츠와 스포츠플랫폼에 대한 이해와 인식의 변화가 형성되어야 한다.

스포츠와 스포츠플랫폼에 대한 이러한 이해와 인식의 변화들이 형성되고 쌓이면 우리는 그것을 하나의 문화라고 할 수 있다. 스포츠플랫폼의 문화는 누구나 쉽고 편하게, 그리고 안전하고 재미있게 스포츠를 배우고, 행하고, 즐길 수 있는 것을 말한다. 이를 위해서는 스포츠플랫폼의 잘못된 운영과 관리가 있으면 안 되며, 이용자 또한 잘못된 관행이나 스포츠 플랫폼 문화 등을 만들면 안 된다. 특히 체육시설업을 운영하는 운영자가 다른 경쟁하는 체육시설업 운영자를 아무 이유 없이 모함하거나 자신의 이익을 위해 여러 잘못된 방법들을 통하여 이익창출하거나 피해를 준다면 이에 대한 적절한 조치와 예방을 위한 시스템이 완비 되고 선행되어야 한다. 그래야 스포츠플랫폼에 대한 좋은 인식과 상황들이 쌓이면서 기존에 스포츠에 형성된 잘못된 관행과 문화들이 새롭게 존재하게 되고 인식될 것이다.

이를 위해서는 스포츠플랫폼에 대한 제대로 된 철학과 비전이 필요하다. 철학의 부재는 모든 문제를 양성하고 이를 올바르게 대처하지 못하며, 끝내 존재의 유무에게도 영향을 미친다. 스포츠플랫폼은 우리가 다 함께 만들어가듯이 스포츠플랫폼에 대한 존재, 인식,

가치, 논리, 현상 등에 대하여 지속적으로 논의와 탐구가 필요하며, 이를 바탕으로 우리사회가 지향하는 스포츠와 스포츠플랫폼을 만들어가야 한다.

제 2장 스포츠플랫폼이 나아가야 할 방향

동서고금을 막론하고 어떠한 상황에서도 스포츠를 즐기는 사람들은 신분과 경제적 자유가 있는 사람들이다. 신분사회에는 계급이 높은 사람, 자본주의 사회에서는 경제적 자유 많은 사람들이 스포츠와 함께 했다. 이는 스포츠가 우리 인간에게 많은 것을 가져다주기 때문이다. 그래서 과거나 지금이나 시간 및 경제적 자유가 있다면 스포츠를 통해서 건강과 행복함을 추구하고 있다. 스포츠가 인간에게 나쁜 영향이나 불필요하다면 현재의 스포츠는 존재하지 않았을 것이다. 그만큼 스포츠는 부정적인 가치 또한 지니고 있지만, 긍정적인 가치가 더 많이 우리사회에 형성하고 있다고 볼 수 있다.

현대사회는 지식정보화사회라고 일컬어진다. 그만큼 지식과 정보의 홍수 속에서 살아가고 있으며, 기본적으로 정치는 민주주의, 경제는 자본주의의 시스템으로 되어 있다. 이에 자본이 많으면 많을수록 고품질의 정보를 얻을 수 있는 환경에 있다. 그래서 자본주의는 갈수록 양극화가 되는 것이 원리이다. 이를 막기 위해서 국가나 지방정부가 나서고 있지만 시장논리를 자유에 맡겨야 한다는 신자유주의가 우리사회에 지배적인 사상이 되었기 때문에 이를 간과하고 있다.

스포츠도 이러한 상황에서 예외가 될 수 없다. 스포츠 자체는 우리사회에서 시간과 경제적 자유에 대해 갈수록 영향을 더 받고 있으며, 스포츠 내에서도 양극화는 심화되고 있다. 이러한 상황에서 스포츠플랫폼이 추구하는 철학과 비전은 스포츠플랫폼에 대한 지식과 정보에 대한 양극화를 줄여야 하는 것과 이를 바탕으로 모든 사람들이 자유롭고 편하게 스포츠를 즐기고 해야 한다는 것이다. 그러기 위해서 이 책은 스포츠플랫폼에 대한 기본적인 길라잡이 역할을 하게 될 것이다. 많은 책들은 어떠한 형태나 상황들이 만들어지고 이에 대한 과정과 무용담들에 대하여 집필되는 경우가 허다하지만, 이 책은 아직 존재하지 않는 스포츠플랫폼이라는 가상에 대하여 현실화를 위한 발상의 전환으로 집필 되었다.

그래서 독자들은 이 책을 읽고 나서 허무하거나 아니면 스포츠플랫폼이 빨리 만들어졌으면 하는 기대가 생길 것이다. 스포츠에 관계되는 사람들뿐만 아니라 우리나라 모든 사람들에게 제대로 된 스포츠플랫폼은 삶의 질을 한층 더 높이는 데 많은 기여를 할 것이다.

스포츠플랫폼은 특정인을 위하거나 혜택이 가는 것이 아니다. 다만 이에 대한 지식이나 정보를 빨리 습득하고 이를 실천에 옮기는 사람들은 스포츠플랫폼에서 많은 것들을 만들거나 얻어갈 것이다. 그래서 이 책은 스포츠플랫폼이 정착하고 성공한 다음에 나온 것이 아닌 많은 사람들에게 충분한 공감대가 형성되고 이에 대한 지식과 정보들을 공유할 수 있도록 먼저 소개되었다고 볼 수 있다.

스포츠에서 출반선은 모든 선수들에게 공평하다. 그렇지 않으면 스포츠는 존재의 의미와 가치를 잃게 된다. 스포츠에서 공정성과 깨끗한 스포츠 환경은 스포츠의 양적인 성장과 질적인 발전을 하는 데 밀접하게 관련이 되어 있다. 스포츠에서 발생한 공정하지 못한 사례들에 대하여 우리들은 심심치 않게 자주 접하고 있다. 그중 도핑과 승부조작은 스포츠의 핵심은 경쟁과 탁월함을 추구하는 가치를 파괴하는 행위들이다.

스포츠에서 도핑은 전세계적으로 표준화된 규정을 가지고 있으며, 공정한 스포츠 환경을 만들기 위해서 체계적으로 운영 및 관리 되고 있다. 이러한 상황임에도 도핑에 적발되거나 문제되는 상황들이 국내에서도 계속해서 발생하고 있다. 이에 대하여 고의적으로 한 도핑뿐만 아니라 모르거나 다른 누군가의 강압에 의해 도핑방지규정을 위반한 경우에도 모두 제재를 받고 있다.

특히 무지에 의한 도핑은 성인선수뿐만 아니라 성장기 학생선수들에게도 신체적, 정신적, 사회적으로 치명적일 수밖에 없다. 그래서 전세계적으로 도핑검사에 따른 제재를 하는 것이 우선순위가 아닌 도핑방지교육을 선행해야 한다는 것이 스포츠에 도핑과 도핑방지에 대한 흐름이다.

그리고 스포츠에서 승부조작은 스포츠의 공정성과 스포츠 자체의 재미를 넘어 존재를 없애게 만드는 것으로 현재 불법도박과의 연관되어 범죄로도 관련이 깊다. 앞서 기술한 스포츠플랫폼에서의 등급은 자신의 실력과 함께 여러 상황들이 종합적으로 반영되게 된다. 그런데 이를 인위적으로 승부를 조작하거나 엘리트스포츠에서나 볼 수 있는 여러 다양한 형태의 승부조작을 한다면 우리가 만들고 추구하고자 하는 스포츠플랫폼은 존재하지 않을 수밖에 없다.

그래서 스포츠플랫폼에서 승부조작과 관련된 여러 시스템을 구비하고 잘 돌아갈 수 있도록 미리 교육이 이루어져야 한다. 이는 경제적인 관점으로 많은 강습을 할 수 있는 등급에서 다른 경쟁자나 체육시설업에게 피해를 주는 행위들이 충분히 발생할 수 있기 때문에 서로가 무엇이 잘못된 것인지와 이에 대한 제재, 그리고 스포츠플랫폼의 건전한 발전을 위해 운영될 것인가를 이 책에서 간단하게 언급하였다. 그래서 이 책은 스포츠플랫폼이 만들어지기 전에 충분한 논의와 공론화가 형성되기를 바라며, 어느 시점이 되면 서로가 피해가 보는 것이 아닌 모두가 도움이 되고 발전할 수 있는 상황이 되었을 때 우리는 스포츠플랫폼을 이용하고 잘 만들어 가게 될 것이다.

이렇듯 스포츠에서 도핑과 승부조작에 따른 문제를 해결하기 위해 제재를 통한 시스템 완비가 중요한 것이 아니라 미리 문제들이 발생하지 않게 처음부터 도핑과 도핑방지, 승부조작을 알리고 교육하는 것이 필요하다. 따라서 스포츠플랫폼이 형성되고 여러 문제들로 인하여 후속조치를 하는 것보다 먼저 미리 교육이나 이 책을 통해 스포츠플랫폼에 대한 지식과 정보를 공유하는 것이 더 나을 것이라고 판단했다.

우리 속담에 소 잃고 외양간 고친다는 말이 있다. 이는 문제가 발생하기 전에 이를 인식하고 미연에 방지하자는 것이다. 그렇지만 우리나라는 많은 안전사고에서 볼 수 있듯이 대형사고 일어난 후에 매뉴얼과 시스템을 만들고 재발방지를 위해서 힘쓴다. 그러나 얼마 지나지 않아 또 다시 사건사고들을 접하게 된다. 이러한 현상들에는 여러 요인과 이유들이 있겠지만 기본적으로 안전에 대한 의식들이 부족하거나 안전불감증이 형성되었기 때문이다.

이에 대해 하인리히 법칙은 안전불감증과 안전에 대한 의식을 어떻게 형성해야 하는지에 대해 잘 설명해주고 있다. 사전적 의미로 하인리히 법칙(Heinrich's law)은 한 번의 큰 재해가 있기 전에, 그와 관련된 작은 사고나 징후들이 먼저 일어난다는 법칙이다. 큰 재해와 작은 재해, 사소한 사고의 발생 비율이 1:29:300이라는 점에서 '1:29:300 법칙'으로 부르기도 한다. 하인리히 법칙은 사소한 문제를 내버려둘 경우, 대형 사고로 이어질 수 있다는 점을 밝혀낸 것으로 산업 재해 예방을 위해 중요하게 여겨지는 개념이(다음백과사전, 2023).

이렇듯 스포츠에서 안전은 매우 중요하다. 스포츠플랫폼에 대한 안전과 그 시스템은 기본이자 없어서는 안 된다. 따라서 스포츠플랫폼에서의 안전은 스포츠플랫폼의 존폐에도 직결되기 때문에 이에 대한 신경을 더 쓰도록 할 것이며, 이 책에서 아직 담지 못한 것들은 후에 확장판이나 부록, 아니면 스포츠플랫폼이 완성되는 시기 전에 스포츠 안전 전문가와 관련 조직이나 협회에 지속적으로 협조를 받아 안전한 스포츠플랫폼을 만들어가도록 할 것이며, 해야 한다.

지금까지 스포츠플랫폼은 이 책에서 계속해서 언급한 것과 같이 공정하고 안전해야 한다. 여러 시스템이 이를 올바르게 대처하게 할 것이지만, 모든 것들은 완벽할 수 없다. 이를 위해 지속적으로 신경을 써야 하며, 어떤 사건이나 일에 대한 신속 정확한 대처도 중요하지만, 아예 이러한 상황들이 만들어지지 않도록 예방하도록 해야 한다. 이러한 상황들이 스포츠플랫폼이 나아가야 할 방향이라고 판단된다. 스포츠플랫폼의 철학과 비전은 대한민국 국민 누구나 공정하게 스포츠를 즐기고, 행하며, 안전한 스포츠 환경에서 경쟁과 탁월함을 추구하는 것이다. 그리고 이에 따른 이익창출 형성과 전반적인 스포츠 성장과 발전에 이바지하는 것이다.

이를 위해서는 스포츠플랫폼이 갖추고 있어야 할 기본적인 특성이 필요하다. 스포츠플랫폼이 우리사회에 제대로 정착하고 운영이 잘 되기 위해서는 투명성, 책임성, 견고성, 신뢰성, 안정성 등이 보장이 되어야 한다.

여기서 스포츠플랫폼의 투명성은 스포츠플랫폼을 이용하는 이용자와 함께 이를 운영하는 주체간의 있어 어떤 사실에 대하여 모두 알고 있어야 한다. 여기에 이용자들 간에도 마찬가지이다. 스포츠플랫폼은 스포츠경기 매칭과 강습, 그리고 체육시설이용이 주를 이루고 있기 때문에 이에 대한 투명성이 담보되지 않는다면 제대로 운영하고 관리하는 것이 쉽지가 않기 때문이다.

스포츠플랫폼의 책임성 또한 이용자와 운영자 간의 책임을 지려고 하는 상황이나 태도가 없다면 스포츠플랫폼을 유지하는 것이 어렵다. 특히 스포츠 경기가 매칭이 되었지만, 약속된 시간과 장소에 아무런 이유 없어 나타나지 않았다면 이에 따른 책임을 물어 패널티가 적용된다. 하지만 이를 전반적으로 운영하는 스포츠플랫폼에 대한 신뢰가 떨어지게 되어 스포츠플랫폼을 이용하거나 운영하는 모든 사람들에게 책임성이 필요하다.

스포츠플랫폼의 견고성은 앱을 통하여 운영이 되기 때문에 이에 대한 해킹이나 운영에 문제가 발생할 수 있는 부분들을 미리 차단하고 확고하게 운영이 되어야 한다. 스포츠 강습이나 체육시설이용에 대한 지불방식이 현금이나 카드결제가 아닌 스포츠플랫폼페이로 운영될 가능성이 크기 때문에 이에 대한 견고함이 필요하다.

스포츠플랫폼의 신뢰성은 지금까지 필요한 특성들과 연결이 된다. 어느 한 부분에서 문제가 생긴다면 바로 신뢰성과 연관이 된다. 이에 스포츠플랫폼을 믿고 의지할 수 있도록 지속적인 노력과 운영이 필요하다. 신뢰가 무너진다면 스포츠플랫폼의 미래는 없다고 판단하여 이에 대한 노력들을 모든 이용자와 운영자가 할 수 있도록 해야 한다. 그래서 스포츠플랫폼에 대한 이해와 인식의 변화도 중요하지만 철학과 비전이 선행되어야 하는 것이다.

스포츠플랫폼의 안정성은 스포츠플랫폼이 정착되기 전부터 쉽게 흔들리지 않으며, 앞으로 나아가야 할 방향이 철학과 비전에 맞으면서 다른 외부의 상황에 쉽게 변하지 않는 것이다. 특히 스포츠산업과 경제적인 관점으로만 이를 이용하거나 변화시키려고 한다면 이를 조치하고 올바르게 나아갈 수 있도록 해야 한다.

이상 스포츠플랫폼에 대한 방향성에 대해서 이야기 했다. 앞으로 스포츠플랫폼이 형성되고, 제대도 정착되어 체육의 영역에서뿐만 아니라 우리사회 모든 분야에서 유기적으로 잘 형성되고 발전할 수 있었으면 한다.

작가의 말

이 책은 아직 형성되지 않은 스포츠플랫폼을 위해 선행된 내용과 아이디어들의 총체이다.

많은 내용들과 아이디어들이 있지만, 아직 스포츠플랫폼이 현실에서 어떻게 적용되고 나아갈지에 대해서는 모르기 때문에 이 책의 내용은 여기까지이다.

그렇지만 이 책에서 집필한 스포츠플랫폼의 철학과 비전이 맞는 플랫폼기업이나 누군가를 만나서 우리사회에 형성이 된다면 그에 따른 내용들이 수정 및 보완되면서 개정증보판이나 확장판이 나오게 될 것이다.

스포츠는 우리 삶의 질을 향상시킨다. 이제 이러한 말은 당연시 되고 있다. 그만큼 스포츠를 보고, 즐기고, 행하는 모든 과정들이 우리사회와 밀접한 관계를 맺고 있다는 것이다. 이에 스포츠도 우리사회가 원하는 진정한 성장과 질적인 발전을 위해서는 변화가 필요하다.

이 책에서 말한 스포츠플랫폼은 기존의 스포츠를 바라보는 이해와 인식의 변화를 만들어 낼 것이며, 스포츠내에서는 산업적, 경제적, 역사적, 문화적, 철학적, 사회적 등의 변화와 성장을 만들어 나가게 될 것이다.

이에 스포츠플랫폼에 대한 기본적인 내용들을 집필하였으며, 현실적이면서 실질적인 스포츠에 대하여 이해하고 발전시키고자 노력하였다. 아직 현실화 되지 않았지만 앞으로 스포츠도 플랫폼의 영역에서 좋은 포지션을 차지하게 될 것이므로, 이 책은 좋은 길라잡이 역할을 해 줄 것이다.

이 책은 체육인들뿐만 아니라 체육과 스포츠를 좋아하고 관심을 갖는 모든 사람들에게 이제 선택이 아닌 필수가 될 것으로 판단되며, 더 많은 내용들이 수정 및 보완이 되고 스포츠플랫폼이 제대로 정착이 되어 확장판이 나올 것을 기대하면서 이 책을 바칩니다.

참고문헌

다음 백과사전(2020). 언택트.

다음 백과사전(2020). 플랫폼.

다음 백과사전(2023). 하인리히 법칙.

다음 한국어 사전(2020). 도장깨기.

다음 한국어 사전(2020). 문화.

다음 한국어 사전(2020). 스크린골프장.

다음 한국어 사전(2020). 스포츠맨십.

다음 한국어 사전(2023) 스포츠 산업.

다음 한국어 사전(2020). 앱.

다음 한국어 사전(2020). 포털.

다음 영어 사전(2020). mobile.

스포츠동아(2020.12.03.). 심판 질 높이는 상임심판제도, 배드민턴은 인원 충
        원 절실.

에듀윌 시사상식(2022). 빅테크.

에듀윌 시사상식(2022). 플랫폼 기업.

위키 백과사전(2023). 스포츠 산업.

위키 백과사전(2020). 아마추어스포츠.

위키 백과사전(2020). 언더독.

위키 백과사전(2020). 엘리트스포츠.

위키 백과사전(2023). 프로스포츠.

체육지도자연수원(2023). https://sqms.kspo.or.kr/info/licenseInfoPsc1.kspo

한국 향토문화 전자대전(2021). 생활체육.